Success15 fifteen

サクセス15
March 2015
3

http://success.waseda-ac.net/



# CONTENTS

## 中1準備講座実施要項

| | | | |
|---|---|---|---|
| 日程 | 第1ターム…2/10(火)、12(木)、17(火)、19(木)、24(火)、26(木)<br>第2ターム…3/3(火)、5(木)、10(火)、12(木)、17(火)、19(木) | 会場 | 早稲田アカデミー各校舎 |
| 時間 | 東京・神奈川／ 17:00～18:40<br>多摩・埼玉・千葉・つくば校／ 17:10～18:50 | 費用 | 各ターム：（2科）9,400円／（単科）5,200円 |

※校舎により授業実施日・時間帯等が異なる場合があります。 ※詳しくは最寄りの早稲田アカデミー各校舎にお問い合わせください。

## 中1準備講座カリキュラム

### 英語　英語が必ず好きになる充実した授業

会話表現として学習することが多かった小学校での英語の学習を、高校受験に向けた英語の学習につなげていきます。中学校に入学したときにスタートダッシュができるように、発展学習では一般動詞の学習まで行います。早稲アカ中1準備講座で、英語の学習に差をつけよう！

標準：第1ターム → 第2ターム　発展：第1ターム → 第2ターム

| | カリキュラム | 内容 |
|---|---|---|
| 1 | 英語の世界へようこそ | アルファベット／単語の学習 |
| 2 | 身の回りの単語 | 単語の学習／冠詞／所有格 |
| 3 | 英語で文を作ろう | be動詞／thisとthat |
| 4 | 英語で質問しよう① | What ～?／or |
| 5 | 英語で自己紹介 | I am ～. ／ You are ～. |
| 6 | 英語で友だちを紹介しよう | He is ～. ／ She is ～. ／be動詞のまとめ |
| 7 | 様子をあらわす単語 | 形容詞／数字 |
| 8 | 英語で質問しよう② | Who ～?／ Whose ～? |
| 9 | 英語で数えてみよう | 名詞の複数形／How many ～?／someとany |
| 10 | 私はりんごを持っています① | 一般動詞の否定文・疑問文（1人称・2人称） |
| 11 | 私はりんごを持っています② | 一般動詞の否定文・疑問文（3人称） |
| 12 | 総合演習 | be動詞・一般動詞の復習 |

### 数学　算数から数学への橋渡し！

中1で最初に習う『正負の数』から『方程式』までを学習します。中でも正負の数・文字式は、中1の1学期の中間・期末テストの試験範囲でもあります。算数嫌いだった人も数学がきっと好きになります。

中学受験をした人は発展カリキュラムで中1の内容を先取りします。

標準：第1ターム → 第2ターム　発展：第1ターム → 第2ターム

| | カリキュラム | 内容 |
|---|---|---|
| 1 | 正負の数① | 正負の数の表し方・数の大小・絶対値 |
| 2 | 正負の数② | 加法と減法、加減が混じった計算 |
| 3 | 正負の数③ | 乗法と除法、乗除が混じった計算、累乗と指数 |
| 4 | 正負の数④ | 四則混合計算、正負の数の利用 |
| 5 | 文字と式① | 積と商の表し方、四則混合の表し方 |
| 6 | 文字と式② | 数量の表し方、式の値 |
| 7 | 文字と式③ | 1次式の計算 |
| 8 | 文字と式④ | 文字式の利用 |
| 9 | 方程式① | 等式の性質、方程式の解き方 |
| 10 | 方程式② | かっこを含む計算、小数・分数を含む計算、比例式 |
| 11 | 方程式③ | 文章題（数・代金・個数など） |
| 12 | 方程式④ | 文章題（速さ・割合・食塩水など） |

## 中1コース開講までの流れ

冬休み …… 1月 …… 2月 …… 3月 …… 4月

小6総まとめ講座（小学校内容のまとめ講座実施） → 中1準備講座 → 新中1学力診断テスト 保護者対象ガイダンス → 中1コース開講

## 先を見据えた習熟度別クラス

### レベル別のカリキュラムだからしっかり先取りできる！

早稲田アカデミーの中1準備講座は習熟度別のクラス編成になっています。だから、自分のペースにあった環境でしっかりと理解し、先取り学習をすることができます。さらに、その先の難関高校合格や難関大学合格につながる学習環境を用意しています。中1準備講座で最高のスタートを切ろう！

**英語**
- 標準 → 英語の勉強が初めての方。塾に通うのが初めての方。
- 発展 → Kコースなどで英語の学習経験がある方。

**数学**
- 標準 → 数学の勉強が初めての方。塾に通うのが初めての方。Kコース生の方。
- 発展 → 中学受験をされた方など。

## 中1　新しい環境でスタートダッシュ。「本気でやる」習慣をつけます。

一人ひとりに講師の目が行き届く人数で授業を行うのが早稲田アカデミーです。中1ではまず学習習慣を身につけることが大切。一人ひとりに適切な指導をし、「本気でやる」姿勢を植えつけます。難関校受験へ向けて確かな学力を養成していきます。

| | | | | |
|---|---|---|---|---|
| Sコース | 選抜クラス 英数国3科 | 英語 数学 国語 | 火曜・木曜・土曜<br>東京・神奈川 19:00～20:20<br>千葉 19:10～20:30<br>多摩・埼玉・茨城 19:15～20:35 | 授業料 18,300円 |
| Rコース | レギュラークラス 英数国3科 | 英語 数学 国語 | | 授業料 18,300円 |
| 理社コース | 選抜クラス レギュラークラス | 理科 社会 | 木曜・土曜<br>東京・神奈川 20:25～21:10<br>千葉 20:35～21:20<br>多摩・埼玉・茨城 20:40～21:25 | 授業料 7,200円 |

※一部の校舎では時間帯等が異なります。

※Sコース、理社選抜クラスの設置は校舎により異なります。詳しくはお問い合せください。

※難関中高受験専門塾ExiVでは上記と実施日・時間帯等が異なります。

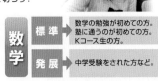

# 東大手帖 ～東大生の楽しい毎日～

現役東大生が東大での日々と受験に役立つ勉強のコツをお伝えします。

## 中学・高校時代の自分に言いたいこと

Vol.12

text by 一(イチ)

連載開始から１年が経ち、今月でこのコラムも最終回です。同時に、ぼくが東大生でいられるのもあと少し。近ごろは小学校入学からこれまでの学生生活16年間が走馬灯のように駆けめぐり、物思いにふけっています。22歳のぼくは、年上の人から「まだ若い」と言われますが、若いといってももう学生ではなくなります。学生生活には「中２の夏、ああしておけばよかった」という悔しい思い出や、「あのときの行動は正しかった」と満足している思い出など、さまざまな思い出があります。そこで今回は「中学・高校時代の自分に言いたいこと」というテーマで、学生生活を振り返ってみます。まだまだ学生でいられるみなさんの参考になれば嬉しいです。

まずは、中３のぼくに言いたいこと。「色々な人と仲よくしておこう」。中３くらいになると、新しい部活動や習い事を始める機会は減り、よく遊ぶ友人は固定化されていきます。とくにぼくは中高一貫校に通っていたのでその傾向が強く、高３くらいまで同じ部活動（吹奏楽部）で自分とよく似た友だちとばかり接していました。少ない友人と親しくするのもいいことですが、中学～高校はクラス替えや席替えなどで多様な友だちと接することができます。スポーツ系や理系の人など、タイプや趣味が自分と違う人ともっと親しくしておけば、異なる価値観の人をより理解できる人間になっていたと思います。

「先生が合わないからといって、勉強をサボるのはやめよう」。これは高１のぼくに言いたいことです。当時はお気に入りの生徒ばかりほめる数学教師が嫌いで、数学の勉強にも身が入らず、それまで80点をキープしていた成績はたちまち50点以下に。そして数学の成績が足りず、進路は自動的に文系へ。たまたま文系が自分に合っていたのでよかったのですが、浅はかな行動で人生の選択肢を減らしてしまいました。アルバイトで塾講師をしているときも「あの先生が嫌いだから塾を辞める」という生徒がおり、それも１つの考え方ですが、自分の失敗を振り返るたびに人の好き嫌いで人生を決めるのはもったいないと感じます。

そして、受験勉強で悩んでいた高３のぼくには、「自分の決めた道を信じよう！」と応援の言葉をかけたいです。「東大なんて受かるのか」「前回の模試はあまりよくなかったな…。落ちたらどうしよう」「受かっても、東京で１人暮らしできるだろうか」など、受験直前期のぼくは悩みが多く、精神的に不安定でした。しかし、勉強は十分すぎるほどしましたし、教師や友人も「大丈夫」と言ってくれ、志望校を東大に決めたのも「地元（京都）でなく東京で生活したい」という思いがあったからです。ふたを開けてみると、合格最低点からだいぶ余裕のある成績での合格でした。十分に勉強し、熟慮したうえで志望校を決めたのなら、心配しすぎる必要はなかったのです。みなさんもリラックスした状態で受験すれば、必ず満足のいく結果になるはずです。ケアレスミスだけは気をつけてくださいね。

ほかにも「あのとき告白すればよかった」「なぜカードゲームに何千円も使ったのか」など思い出はたくさんありますが、振り返ってばかりいるのも悲しいのでこのへんにします。みなさんはこれからの学生生活、後悔のないよう自分に正直に過ごしてほしいです。ぼくも社会人１年生として、後悔のない人生を歩んでいきたいと思っています。お互い頑張りましょう。これまで読んでいただきありがとうございました。

もっと知りたい！

# 高大連携教育

高校と大学が連携してさまざまな教育的取り組みを行う高大連携教育。最近では、大学附属校に限らず、公立校などでも積極的に取り入れられ、その内容も幅広くユニークなものが増えています。今回は、3つの高校を取材し、各校で実施されている詳しい内容や高大連携教育の意義についてお話を伺いました。

筑波大学附属駒場高等学校

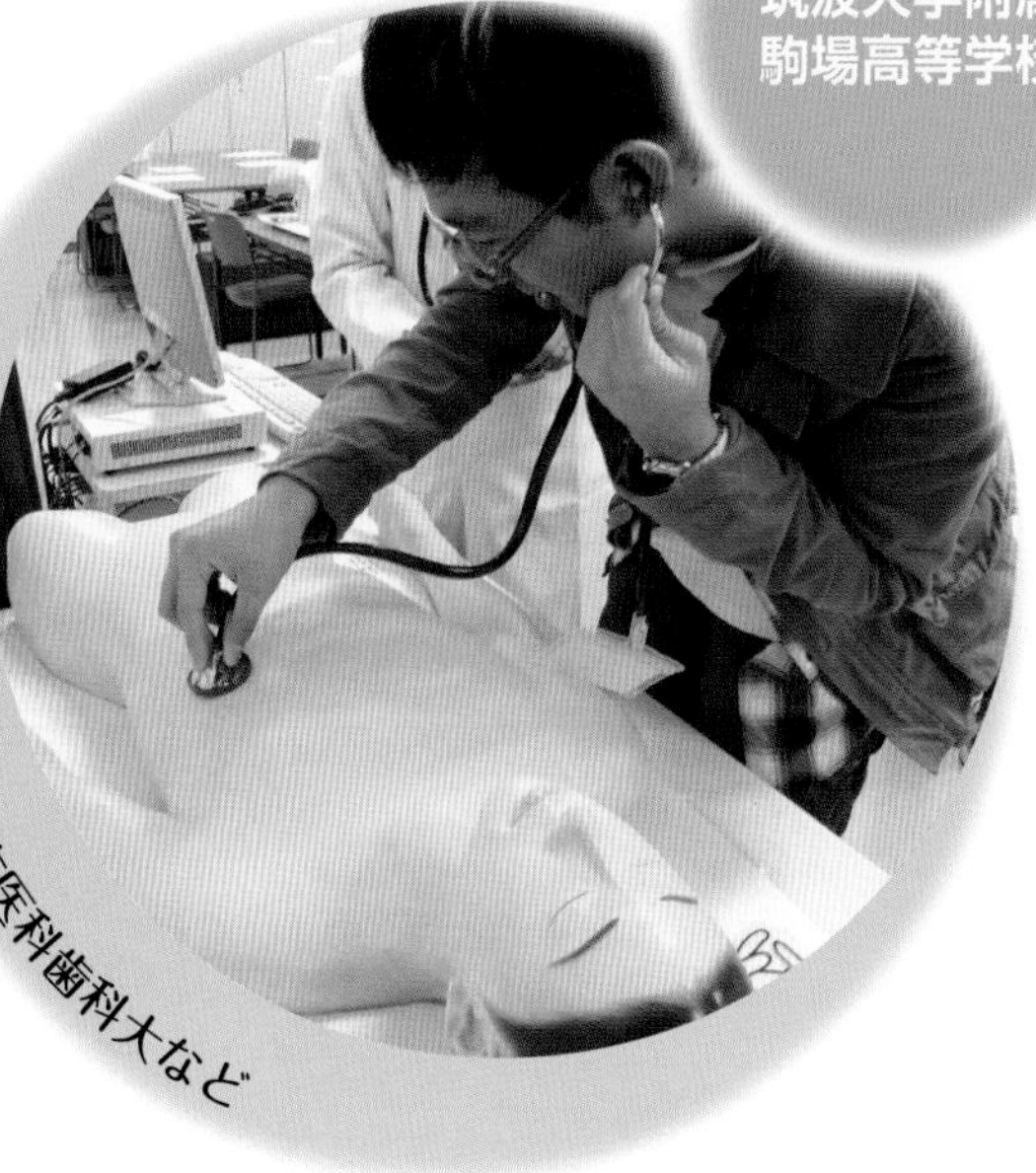

筑波大・東京医科歯科大など

埼玉県立浦和第一女子高等学校

東京大・東北大・埼玉大・お茶の水女子大など

千葉県立船橋高等学校

千葉大・東邦大・千葉工業大など

もっと知りたい
高大連携
No.1

# 筑波大学附属学校として取り組む 多様でユニークな連携教育が特徴

東京　世田谷区　男子校

# 筑波大学附属駒場高等学校

## 筑波大学 研究室訪問

全員が大学の研究室を訪問
30前後の講座があります

林校長先生

### 学問の最先端に触れる体験学習

筑波大学附属駒場（以下、筑駒）では、筑波大との強いつながりを活かし、さまざまな高大連携教育が実施されています。中3と高2の全員が参加する筑波大学研究室訪問は、実際に筑波大の研究室を訪れ、学問の最先端に触れることができる貴重な機会です。

例年、中3は2月、高2は7月に実施され、1日かけて大学での学びを経験します。開催される講座は、人文学類から生物学類、医学類、体育専門や芸術専門と多岐にわたり、その数なんと30前後。生徒は、事前に発表される開催講座のなかから興味・関心のあるものを1～2講座選んで参加します。

右に過年度実施講座の一部を紹介していますが、講義形式で行われるものや、大学の設備を使用した実験を行うもの、実習形式のものなどさまざまで、どれも工夫が凝らされています。

「筑波大研究室訪問により、高校ではない大学という研究・叡知・教育の場を訪れて実際に講座に参加することは、大学レベルの知識に触れるだけではなく、自分の将来像を具体的に考えるきっかけとなる機会としても重要だと思います。」（林校長先生）

### 筑波大学研究室体験実施タイトル例（2013年度）

※（ ）内は学類

- 留学生と学ぶ生きた外国語（ロシア語とウクライナ語）（人文学類）
- 洪水を計算する（国際総合学類）
- 植物からDNAタンパク質を抽出してみよう（生物学類）
- 微生物が電気を作る!!～代謝を利用した電池の製作～（生物資源学類）
- 光る水を観察しよう（化学類）
- 電子回路とコンピュータによる音楽音響製作（工学システム学類）
- 科学を進歩させる遺伝子導入技術（医学類）

など

## INTERVIEW

林《はやし》 久《ひさ》喜《よし》
校長先生

濱本《はまもと》 悟志《さとし》
副校長先生

**林校長先生**「本校ではさまざまな高大連携に取り組んでいます。附属学校ということもあり、筑波大と強く連携しているのはもちろんですが、それ以外の多くの大学とも連携していることが特色です。内容も、大学の研究室訪問や出前授業、情報化事業、社会貢献事業など幅広く行っています。大学という最先端の研究の場での体験学習等、高校では味わえない体験ができることに大きな意義があると思います。高度な実験施設を実際に目にし、触れる経験は、生徒の好奇心を喚起するものだと思いますし、それまで漠然としていた大学での学びを知ることで、『自分が大学生になったらこんなことができるんだ』『将来はこんな研究がしてみたい』といった進学意欲や将来の目標を育むことにもつながっていると感じます。」

**濱本副校長先生**「社会貢献事業の『筑駒アカデメイア』では、生徒が教える側を経験できます。例え

## 筑波大学など 出前授業

色々な大学の先生の
特別授業が受けられます

林校長先生

### 学校で受ける大学教授の特別授業

大学の先生方や研究者による講演会、実験講座が校内で行われる出前授業。おもに、期末テスト後などの特別授業期間に実施されています。内容に合わせて、全学年を対象としたものから、中3〜高３対象、生物選択者対象というように受講者の指定がされたものまでさまざまで、年間を通してかなりの数が開催されています。大学も筑波大に限定することなく、東京大や東海大など、多くの大学と連携しています。一流の教授陣に出会うこうした機会が、生徒の知的好奇心を刺激しています。

## 東京医科歯科大学 大学病院訪問

少人数による病院訪問
ほかではできない体験です

濱本副校長先生

### 大学病院の見学と体験学習

医学部への進学者数のめだつ筑駒ならではともいえる、東京医科歯科大と連携した大学病院訪問体験。高1・高2の希望者を対象に、12月に行われています。

基礎コースと臨床コースの２つのコースに分かれ、半日〜１日かけて大学病院と研究室を見学します。実際に医療現場で使われている医療器具を使った体験学習も企画されるなど、充実した内容が魅力です。参加人数は各コース９名程度と限定されていますが、毎年多くの生徒が参加を希望する人気プログラムとなっています。

## 筑駒アカデメイア

### 地域と連動した社会貢献活動

筑波大の社会貢献プロジェクトの一環として大学と連携することにより始まった「筑駒アカデメイア」。学校所在地近郊の目黒区と世田谷区の市民を対象に、講師を招いた公開講演会や公開講座を、学校を会場として実施しています。とくに３月の公開講座は、約10の講座が同時に開催され、筑駒の生徒も手伝います。小学生向けの講座では、生徒が教える側に立つ機会もあります。社会貢献に携わる喜びや教えることの楽しさ、難しさなどを経験することができる独自の取り組みです。

## 教育の高度情報化事業

### 筑波大と連携した図書・情報教育

2012年（平成24年）より３年間にわたる「トップリーダー育成のための高度情報化事業」では、筑波大と連携して図書や情報メディアの進化を進め、大きな成果をあげています。具体的な内容としては、ICTを活用した授業展開や、図書館の独自の蔵書検索システムの構築などがあげられ、とくに蔵書検索システムは、学校の蔵書以外に筑波大や、世田谷区立図書館の蔵書なども検索できる充実した内容です。筑波大の資料は学校司書を通じて借りることもでき、生徒の学習支援に役立てられています。

ば、ジャグリングの講座では模範演技の役を務めたり、小学生向けの実験講座では、科学部の生徒が教えています。生徒は当日に向けて工夫を凝らし、一生懸命準備をします。教えることは教わること。教える難しさややりがいを学ぶことは、大変よい経験だと思います。」

**林校長先生**「筑波大では、昨年からGFEST（Global Future Expert in Science & Technology）という人材育成プログラムが始まりました。これは本校だけでなく全国の中高生を対象とし、科学や技術に対して強い関心のある中高生を支援する内容です。高大連携教育が新たな展開を見せていることを感じます。

これからも、こうした多くの機会を通じて、生徒が将来どのように社会とかかわり、貢献していくのかを見つける手助けができればと感じています。」

## SCHOOL DATA

所在地：東京都世田谷区池尻4-7-1
アクセス：京王井の頭線「駒場東大前駅」徒歩7分
ＴＥＬ：03-3411-8521
ＵＲＬ：http://www.komaba-s.tsukuba.ac.jp/

もっと知りたい
高大連携
No.2

# 国公立大を中心にさまざまな大学と魅力あふれる高大連携教育を展開

埼玉　さいたま市　女子校

# 埼玉県立浦和第一女子高等学校

## 東京大学 ボーイングプログラム

どの講座も楽しみながら
学べるプログラムです

吉田先生

### 多岐にわたるテーマの高大連携事業

東京大とボーイング社が共同で実施する「世界の将来を担うべき優れた科学者・エンジニアを育成するプログラム」の一環として、浦和第一女子（以下、浦和一女）と浦和高（県立）の希望者を対象に行われている取り組みです。多彩なテーマで展開されるプログラムを通して、生徒は幅広い視野を養うことができます。2013年（平成25年）から始まり、浦和一女は第２回から参加しています。

第２回の「河川」をテーマにした講座では、東京大の先生による物理・生物・地理・日本史とさまざまな切り口を織り交ぜながらの河川に関する講義、グループごとのディスカッション、実際に荒川沿いを歩くフィールドワークなど、計10時間もの密度の濃い活動が実施されました。

第３回「多様な文化を体験しよう」講座では、東京大の留学生と英語でコミュニケーションをとりながらうどんを作りました。事前に東京大の先生から英語のプレゼンテーションの指導を受け、当日はうどんについてまとめた内容を、各自が英語で発表する時間も設けられました。

また、３月に予定されている第４回「情報工学」講座のためには生徒に協力を仰ぎ、スマートフォンのGPS機能を使って校外遠足時に行動ログを取得。これを教材として使用し、情報工学の面白さを実感できるような講座が企画されているそうです。

また、そのほかにも下記のように、東京大とはさまざまな連携を行っています。

#### そのほかの東京大との連携事業

- 特別講義「記憶の話」、「連分数と二次体」など
- 実践学体験トライアル講座
- 生産研究次世代育成オフィス「光を操るマイクロマシン」
- 「朝日講座」インターネット受講　など

## INTERVIEW

伊藤《いとう》 晋司《しんじ》先生

吉田《よしだ》 直史《なおし》先生

**伊藤先生**「高大連携教育のなかでも、とくに生徒自身が大学へ行く取り組みがよい刺激になっているようです。高校の学習は指導要領に沿った内容ですが、大学ではその先はどうなっているのかを学ぶことができますし、普段のフィールドとは異なる場所で学習することもよい経験になります。

生徒には1年間の終わりにアンケートを書いてもらうのですが、それを見ていても高大連携教育についての記憶がしっかりと残っていることがわかります。普段の生活のなかにこうした刺激があることで、全体の学習効果も高められていると感じますし、生徒たちの将来にもこの経験が活かされていくだろうと実感しています。」

**吉田先生**「埼玉大の高大連携講座は、高校生に対する優遇措置はなく、大学生と同等に扱われるため、高校で中間考査を受けたあと大学の講義に出席する場合もあります。それでも高校の勉強と両立さ

## 埼玉大学
## 高大連携講座

生徒の進路決定にも
役立つ取り組みです

吉田先生

### 2014年度開講科目

- 表象文化論、開発と援助の潮流、地球科学、NGOと出会う（教育機構）
- 現代物理学の展開、基礎細胞学、代数及び幾何Ⅰ（理学部）
- 電気電子システム入門、材料化学基礎、地域・都市計画（工学部）
- メディアと学習支援、教授・学習システム論、調理科学（教育学部）
- イギリス文学史A、中国近現代文学特殊講義Ⅰ、コミュニケーション概説（教養学部）
- マクロ経済、環境政策、会計学総論、日本経済史（経済学部） など

### 高校生で大学の講義を体感できる

埼玉大の講義を放課後に受講することができるシステムで、前後期合わせて約60講座が用意されています。おもな対象は2年生ですが、後期は1年生も受けられます。試験に合格すれば、大学で取得した単位が高校の単位としても認められ、高度な学びに触れられる貴重な機会でもあるため「受講してよかった」と話す生徒が多いといいます。また、興味ある分野についての講義を実際に受けることで、「やはりこの道に進みたい」と方向性を決定づける生徒も多く、進路選択においても役立っています。

## 東北大学
## ラボツアー

工学分野に目を向けてもらう
目的があります

伊藤先生

### 2泊3日の充実した研修旅行

毎年夏休みには、2年生のSSH受講者の希望者を対象とした2泊3日の東北大への研修旅行が開催されています。研修のプログラムは東北大の工学分野の先生と浦和一女の先生が連携して作っており、高校ではなかなか扱うことのできない加速器の運転実習などが組み込まれていることが特徴です。東北大の先生による事前講座を受けたあと、実習に取り組みます。さらに、大学ならではの施設や装置を使用した実験体験もあり、ものづくりの楽しさを実感できる有意義な研修旅行となっています。

## お茶の水女子大学
## SSH指定女子高校研究交流会

### 「リケジョ」対象の交流会

2014年（平成26年）から、お茶の水女子大の協力のもと、関東のSSH指定公立女子高６校の生徒が、互いに交流しながら大学の学問に触れる取り組みが始まりました。浦和一女以外の参加校は、同じ埼玉県内の川越女子、熊谷女子、群馬県の前橋女子、栃木県の宇都宮女子、茨城県の水戸第二です。

第１回の内容は、お茶の水女子大教授の講演、大学の先生や大学院生との懇談会、課題研究や実験の指導など。生徒にとっては直接実験の手法を学べたことはもちろん、他校の生徒との交流も刺激になったようです。第２回の準備も着々と進められており、「始まったばかりの企画ですが、とてもよい企画になると感じています」と伊藤先生が語られるように、今後の展開が楽しみな活動の１つです。

## SSH特別講座

### 大学と連携した科学分野の講座

SSHに指定されている浦和一女では、東京大、東北大、お茶の水女子大、埼玉大、東京農工大などと連携して、定期的に科学に関するSSH特別講座を開いています。講座形式は大学ごとに異なり、大学の先生が高校に来るパターン、生徒が大学に行くパターンとさまざまです。講座内容も多種多様ですが、１年生には視野が広がる内容、２年生には理解が深まる内容と、各学年の学習段階に合わせた講座が展開されます。2014年度（平成26年度）には初めて３年生向けの講座が用意されました。

せながら単位をきちんと取得してくるので、生徒の熱意や能力の高さには本当に驚かされます。

また、ボーイングプログラムでは、うどん作りを通して英語でコミュニケーションを行いましたが、遠足時にも、東京大のインターナショナル・フライデー・ラウンジを訪れ、留学生と交流しました。当初の滞在予定時間以上の時間をそこで過ごすなど、交流をとても楽しんでいた生徒の姿を見ると、こうした機会を設けたかいがあったと感じると同時に、今後も継続して高大連携教育に取り組んでいくことが大切だなとも感じます。

生徒にはよく『少し背伸びをすることで、いままでよりもよい景色が見られるはず』と話しています。これからもさまざまな機会を提供していくので、少し背伸びをしながらも積極的に参加してもらい、個々の力をさらに伸ばしてほしいと思っています。」

### SCHOOL DATA

所在地：埼玉県さいたま市浦和区岸町3-8-45
アクセス：JR宇都宮線・京浜東北線「浦和駅」徒歩８分
ＴＥＬ：048-829-2031
ＵＲＬ：http://www.urawaichijo-h.spec.ed.jp/

もっと知りたい
高大連携
No.3

# SSH校の強みを活かした取り組みと多彩な講義が行われる船高カレッジが魅力

千葉　船橋市　共学校

# 千葉県立船橋高等学校

## 船高カレッジ

講師の先生方には
本校の卒業生もいらっしゃるので、
生徒もより身近に感じることが
できるようです

吉野先生

### 高度で具体的な講義を体験

千葉県立船橋高等学校（以下、県立船橋）は、できるだけ大学のことを具体的にイメージでき、そこから自分の進路について考えてもらいたい、ということをテーマとして、2013年度（平成25年度）から分野別大学模擬講義「船高カレッジ」をスタートさせました。

高１・高２と高３の希望者を対象に、さまざまな分野の大学教授らを招き、その講義を直接聞くことができるというものです。生徒はそのなかから２講座を選択します。2014年度（平成26年度）は20講座が開講され、京都大、一橋大、大阪大、名古屋大、千葉大、早稲田大など14大学の参加がありました。

大学の特色を紹介する説明会や出前授業といったプログラムよりも大規模で、かつ専門的な内容の講義を受けることができるのが特徴で、内容も多彩。身体を動かすものや、作業を伴うようなもの、大学院生がなかに入って理解のヒントとなる声かけをしてくれるようなものもあります。

年に１回だけの特別講義ですが、高校までとはひと味違う、高い知的水準の講義を受けることができる、県立船橋ならではのプログラムです。

### 船高カレッジ講義題目例
（2014年度）

- 山東京伝「百人一首和歌始衣抄」（京都大学院）
- ウクライナ問題を考える　（東京外国語大）
- ダルクローズのリトミックアプローチ　（千葉大）
- だれでもわかる複素数平面　（早稲田大）
- 建築学のすすめ：人間と環境の関係をデザインする　（東北大）
- 宇宙推進について～ロケットエンジンからイオンエンジンまで～　（筑波大）
- シンクロの科学　（東京理科大）

## INTERVIEW

吉野《よしの》 深雪《みゆき》先生

吉田《よしだ》 昭彦《あきひこ》先生

**吉野先生**　『船高カレッジ』は本校の生徒が志望する割合が多い大学を中心にセレクトしています。平日の１日、午後を使って、１講座70分を２講座とる形です。講座の内容については、まず文学、数学、建築などの系統を考え、次に、その系統に沿って、どの大学のどの先生がいいかをできるだけ大学も重ならない形で選んでいきます。なかには本校の卒業生の方もいるので、そういった先生方にもご協力いただいています。

今年度は、例えば私が講義を拝見したことがあり、とてもおもしろかった早稲田大の渡邉公夫教授（数学）、建築では東日本大震災からの復興という視点も含めたお話が聞けるだろうということで東北大の本江正茂准教授といった方々をお招きしました。

講義のあとには感想を書いてもらうのですが、そこに先生への質問を書いてきて、それをお送りしたところ、さらに返信をいただく、

## ＳＳ特別講座

理数科だけではなく、
普通科からの参加も
多いのが特徴です

吉田先生

### 理数5分野の特別講座

理数の５分野（物理・化学・生物・地学・数学）における特別講座で、生徒が大学に出向いて研究室などで体験をする形と、大学の教員を招いて実験の指導などをしてもらう形があります。年間で15講座ほど開講されています。千葉大、千葉工大、東邦大などの協力のもとで行われており、短いもので半日ほど、長いものでは２日間にわたって実験や観察をするものもあります。夏休みや土日、平日の放課後などが実施日です。博物館・研究所・民間企業とも連携しています。

---

## ＳＳ出張授業

現在の学習内容を深めるとともに、
キャリア教育的な
意義もあります

吉田先生

### 正課の授業でより深く学べる

その名の通り、大学の先生に出張授業をしてもらうものですが、放課後などではなく、正課の授業時間のなかに組み込まれているのが「ＳＳ出張授業」です。年間で計30コマほどが用意されており、理数科の方が数は多いですが、普通科でも実施されます。県立船橋はSSH指定校であり、そのメリットを理数科のみならず、普通科の生徒にも体験してもらうためです。それまでの授業に沿った形で、その内容をさらに深めたり、一歩発展的にしてみたり、といった趣旨の授業です。

---

## 千葉ＳＳネット

大学での研究とは
どんなものかということを
体験的に知ってもらいたいです

吉田先生

### 他校の生徒とともに成長できる

SSH指定校であるかどうかを問わず、千葉の高校全体で科学教育の向上を狙いとして研究開発を行っているのが「千葉SS（サイエンススクール）ネット」です。県立船橋はその中心校です。

このプログラムのなかでも多くの高大連携教育が実施されており、実施内容は「SS特別講座」や「SS出張授業」と似ているものもありますが、他校の生徒といっしょに、１日かけて実験やディスカッションをするといった、ほかでは得がたい経験を積むことができます。

## SCHOOL DATA

所在地：千葉県船橋市東船橋６-１-１
アクセス：JR総武線「東船橋駅」徒歩７分、京成線「船橋競馬場駅」徒歩12分
ＴＥＬ：047-422-2188
ＵＲＬ：http://www.chiba-c.ed.jp/funako/

というやり取りがあったり、数学の講座を受講した生徒が、『数学が苦手だったけど、先生の話を聞いて、視点を変えると色々な発見があるということがわかったので、新たな気持ちで勉強したい』と書いてきた生徒もいました。やはり一歩踏み込んだ内容の講義になりますから、生徒も興味を持ちやすいようです。」

**吉田先生**「年に数名ですが、千葉大の講義を聴講でき、単位も習得できる高大連携プログラムが用意されています。また、ＳＳＨ関連の高大連携教育としては、ほかに『課題研究』もあります。

大学受験に向けた勉強はもちろん必要ですが、こうした教育プログラムを通して、その先にある大学での勉強のおもしろさ、こんな研究ができるんだ、ということを知識だけではなく、体験的に知ってもらえるというところに意義があると思います。」

# 行ってみよう！宇宙について学べる施設

みんなは宇宙に興味はあるかな？　私たちが暮らす地球も宇宙の一部。
地球と同じように生命が存在する惑星はあるのかな、
火星に移住する日はくるのかな…考えるとワクワクしてくるよね。
そんな宇宙について学べる施設を紹介するよ。

ガリレオによって初めて天体観測が行われたのは1609年のこと。それから400年以上が経った現在はどうだろう。アメリカの火星探査機「キュリオシティ」によって、火星に微生物がいた可能性のあることが発見されたり、日本の「はやぶさ」が小惑星「イトカワ」の微粒子を地球に持ち返ったりと、宇宙の謎を解明するために多くのプロジェクトが行われている。2014年（平成26年）には「はやぶさ2」も打ち上げられたし、ESA（欧州宇宙機関）の探査機が初めて彗星に着陸したりした。こんなふうに宇宙についての研究は世界中で進められているんだ。

みんなも宇宙に興味が湧いてきたかな？　そんな中学生のみんなが、宇宙のことを知りたい！　と思ったときに行ってほしいのが、今回紹介する施設だ。最先端の研究に触れられたり、色々な展示で勉強できたり、プラネタリウムで美しい星空を見ることができる施設が7つ。そのなかから宇宙ミュージアム『TeNQ（テンキュー）』と国立天文台 三鷹キャンパスの施設を詳しく紹介しよう。宇宙に興味がある人はもちろん、科学は難しそうだから宇宙はちょっと…という人もきっと楽しめるよ。

## 宇宙について楽しく学べる施設

**JAXA地球観測センター**
埼玉県比企郡鳩山町大字大橋字沼ノ上1401
049-298-1200
人工衛星により地球を観測し、そのデータを解析・処理している。展示室で衛星の模型や衛星で撮影された地球の画像を見ることができる。平日は見学ツアーを実施。

**JAXA筑波宇宙センター**
茨城県つくば市千現2-1-1
029-868-5000
宇宙開発の最先端分野の研究を行っている。本物のロケットエンジンなどの展示があり、企画展も行われる。平日は施設を案内してくれる見学ツアーがある。

**JAXA調布航空宇宙センター**
東京都調布市深大寺東町7-44-1
0422-40-3000
JAXAの研究開発本部や航空本部が置かれている。研究内容を紹介する展示室を見学できたり、研究施設の一般公開などのイベントが行われている。

**日本科学未来館**
東京都江東区青海2-3-6
03-3570-9151
さまざまな科学技術を体験できる施設。宇宙に関する展示やドームシアターでプラネタリウム作品をみることができる。館長は宇宙飛行士の毛利衛さん。

**はまぎんこども宇宙科学館**
神奈川県横浜市磯子区洋光台5-2-1
045-832-1166
5つの展示室があり、遊びながら宇宙や科学について学べる参加体験型の施設。プラネタリウムで宇宙を体感できたり、月に1回星空観察会も行われている。

**宇宙ミュージアム『TeNQ（テンキュー）』**
15ページにて紹介。

**国立天文台 三鷹キャンパス**
16ページにて紹介。

Pick up1

# 宇宙ミュージアム『TeNQ(テンキュー)』

★所在地：東京都文京区後楽1-3-61 東京ドームシティ内 黄色いビル6F
★TEL：03-3814-0109　★URL：http://www.tokyo-dome.co.jp/tenq/
★アクセス：JR中央線・総武線「水道橋駅」徒歩5分、都営三田線「水道橋駅」徒歩5分、地下鉄丸ノ内線・南北線「後楽園駅」徒歩6分、都営大江戸線「春日駅」徒歩8分

★開館時間：平日11：00〜21：00、土日祝日・特定日10：00〜21：00
★休館日：なし ★入館料：一般1,800円、大学生・高校生・専門学校生1,500円、中学生・小学生・未就学児（4才以上）・65才以上1,200円　※チケットは日時指定制　※4才未満入館不可

宇宙ミュージアム『TeNQ』は、「いろいろな視点から心地よく宇宙を楽しめるエンタテインメントミュージアム」として、2014年（平成26年）7月に東京ドームシティ内にオープンした施設だよ。11月末までの来場者数は20万人を超え、人気のスポットとなっている。

東京ドーム宣伝広告部の岩瀬奈穂さんによると『TeNQ』は9つのエリアに分かれています。壮大な映像が楽しめるシアターや火星隕石の展示など、見たり触れたりして宇宙を身近に感じてもらうことができる作りになっています。最先端の研究内容も展示しているので、現在どんな研究が行われているのか、中学生のみなさんにぜひみてほしいです」とのこと。

さぁ、遊び心満載の『TeNQ』で宇宙を体感しよう。

## エリア紹介

### 1 エントランス

宇宙関連の書籍や地球儀などで飾られたエントランス。

### 2 トンネル0（ゼロ）

まるで宇宙旅行へ旅立つかのような気分にさせてくれる入口。一気に気分が高まる！

### 3 はじまりの部屋

部屋の壁面に古代から現代までの宇宙に関するさまざまな映像が音楽とともに映し出される。プロジェクションマッピングによる立体的な映像は必見！

### 4 シアター宙（ソラ）

床にあいた直径11mの大きな穴を上からのぞき込むという新感覚のシアター。美しい星空や宇宙からみた地球といった壮大な映像が流される。まるで宇宙空間にいるかのような気分を味わえるよ。

### 5 サイエンス

東京大学総合研究博物館と連携して、実際に研究者が宇宙に関する研究を行っているエリアで、研究成果が随時展示される。最先端の研究に触れられるのは大きな魅力だ。火星からの隕石や、2月末まではやぶさ2の模型も展示されているよ。

### 6 イマジネーション

もしも宇宙で○○したら…といった疑問に答えてくれる「宇宙読み物」やNASAの元研究員が作ったロボットを使ったゲーム「アストロボール」など、ユニークなコンテンツが10個。問題に答えていくことで展示内容への理解が深まるミッションラリー（参加料金300円）もおすすめ。

### 7 企画展示室

3〜4カ月のクールで色々な企画展を実施。内容が変わるたびに行きたくなっちゃうね。

### 8 つながる場所

宇宙に関する名言が次々に壁に描き出される「コトバリウム」。ずっと見ていても飽きない落ち着いた空間だ。ほかにも、宇宙飛行士の気分で写真が撮れたり、床に映された月面に足跡を残せる楽しいスペースがあるよ。

### 9 TeNQ 宇宙ストア

宇宙食やオリジナルのグッズなどが売られている。小惑星型のチョコレートが人気。

写真提供：TeNQ（テンキュー）

Pick up2

# 国立天文台 三鷹キャンパス

★所在地：東京都三鷹市大沢2-21-1
★TEL：0422-34-3688
★URL：http://www.nao.ac.jp/
★アクセス：JR中央線「武蔵境駅」「三鷹駅」「武蔵小金井駅」・京王線「調布駅」バス
★開館時間：10:00～17:00
★休館日：年末年始
★入館料：無料

国立天文台は日本各地の観測所、ハワイのすばる望遠鏡、チリのアルマ望遠鏡によって宇宙に関する研究を行っている。

その本部である三鷹キャンパスは、東京ドーム6個半ぶんもの広大な敷地にあるんだ。第一赤道儀室や天文台歴史館など、一部の施設は一般に公開されているので自由に見学することができる。大正や昭和初期に設置された望遠鏡が多く展示され、施設のなかには国の登録有形文化財になっているものもあるよ。ガイドツアーや観望会などのイベントも実施されていて、年間約3万人が訪れている。

「キャンパス内には、現在進めているプロジェクトについての展示もあります。そのなかでも、TMT計画というものは、これからの天文学をリードする壮大な計画なので、日本の将来を担う中学生のみなさんには、ぜひ知ってもらいたいです」と専門研究職員の臼田-佐藤功美子さん。

それでは、自由に見学できる施設のなかから、その一部を紹介していこう。

※TMT（30m望遠鏡）計画とは、口径30mという巨大な鏡を持つ望遠鏡を作る計画。アメリカ・カナダ・中国・インドと共同で進められ、2021年（平成34年）の完成をめざして、昨年ハワイで建設が開始された。

## 施設紹介

### 第一赤道儀室

1998年（平成10年）までの60年間にわたり太陽の観察を行っていた望遠鏡が置いてある。この望遠鏡の特徴は電気を使わないこと。備えつけられている重りを巻き上げて、その重りが落ちる重力を動力として望遠鏡を使うことができるんだ。おもに土日に開催されている太陽観察会では、実際にこの望遠鏡を使って観察を行うからぜひ参加してみよう。

### 太陽系ウォーキング

第一赤道儀室から天文台歴史館までの道沿いには、太陽から始まり、水星、金星、地球…とそれぞれのパネルが一直線に並んでいる。パネルにはその星の説明が書かれているから、木星はガス惑星なんだ、土星の輪は氷の粒なんだ、と太陽系について学ぶことができる。そして、パネルは実際の距離の140億分の1にあたる間隔で並んでいて、大きさは14億分の1の模型で示されている。それぞれの惑星の間隔やその大きさの違いを体感しながら歩くことができて楽しいよ。

### 天文台歴史館（大赤道儀室）

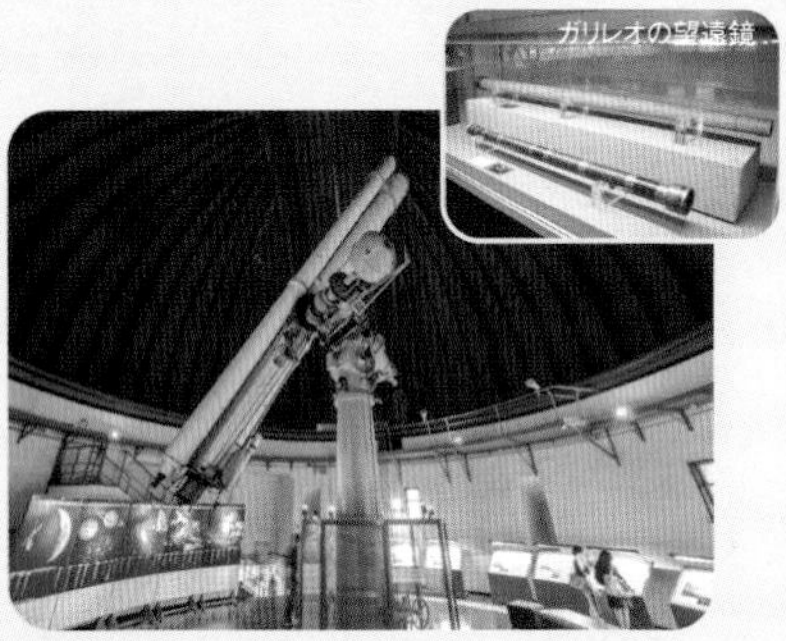


建物のなかに入ると思わず「わぁ！」と声が出てしまうほど大きな口径65㎝、筒の長さ約11mという望遠鏡が展示されている。実際に1998年（平成10年）まで使われていたものだ。ガリレオが1609年に宇宙に向けた望遠鏡のレプリカも展示されているから、その大きさを比べると科学の進歩を感じられる。パネルで天文・天体観測の歴史についても学べるよ。

### 展示室

現在進められているTMT計画など、最新の研究についてのパネルが展示されている。ほかにも、現在ハワイで観測に使われているすばる望遠鏡やチリのアルマ望遠鏡などの模型があるよ。

### 4D2Uドームシアター

空間3次元に時間を加えた「4次元デジタル宇宙（4D2U）」ドームシアターでは、宇宙の構造や、研究結果を可視化した迫力満点の3D映像で楽しめる。4月から新システムでリニューアルオープン。

### 生協

宇宙に関するさまざまなグッズが売られている。国立天文台のロゴが入ったオリジナルのボールペンやストラップもあるよ。（※平日のみ営業）

写真提供：国立天文台

# 生徒の持つ多様性を尊重し 1人ひとりの個性を大切にする

INTERNATIONAL CHRISTIAN UNIVERSITY HIGH SCHOOL

# 国《こく》際《さい》基督《きりすと》教《きょう》大《だい》学《がく》 高等学校

東京都　小金井市　共学校

自然に恵まれた国際基督教大学のキャンパス内に位置する国際基督教大学高等学校。１人ひとりの個性を尊重する校風により、世界各地の多様な文化や歴史のもとで育った仲間とともに、自分らしく、いきいきと笑顔あふれる学校生活を送ることができます。SGHに指定され、今後さらなる期待が寄せられます。

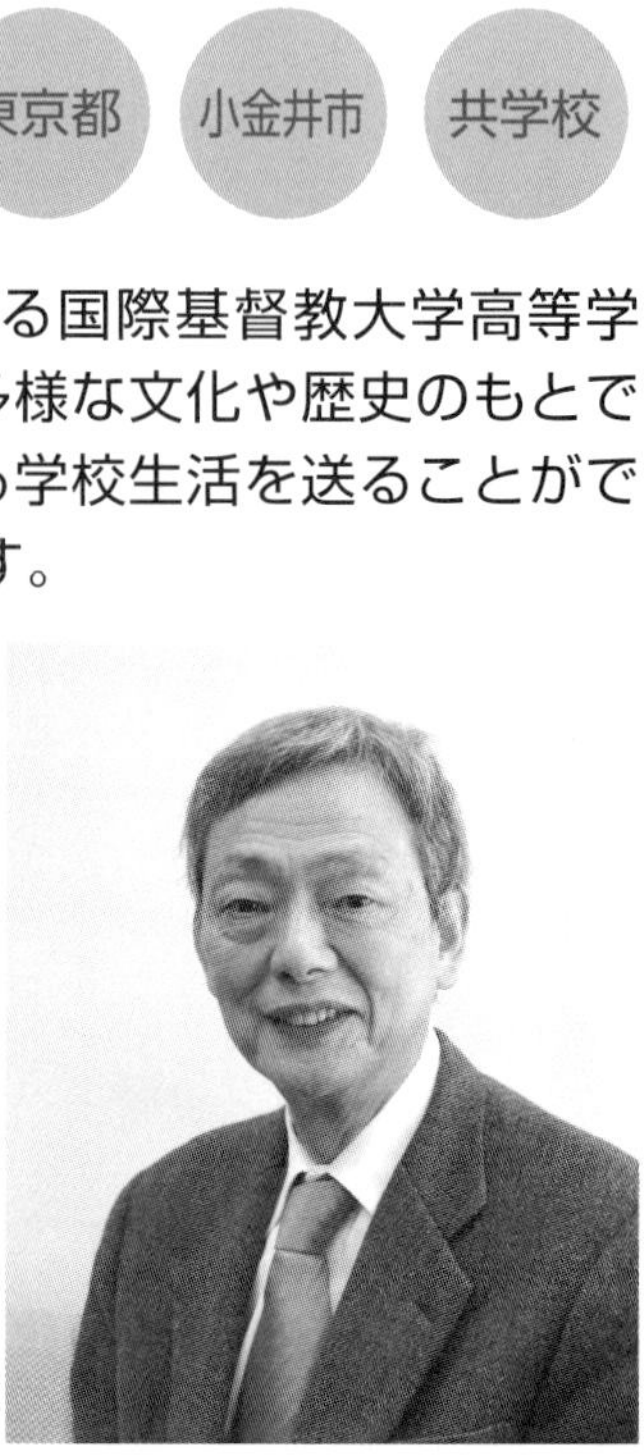

中村《なかむら》　一郎《いちろう》　校長先生

## ありのままの自分で送る 国際色豊かな学校生活

国際基督教大学は、第二次世界大戦後の１９５３年（昭和28年）に、世界平和を願う日本と北アメリカのキリスト教徒の人々が中心となって、創立されました。

そして、国際基督教大学高等学校（以下、国際基督教大高）は、１９７８年（昭和53年）に開校しました。当時、父親の海外赴任によって外国に住んでいた子どもたちが日本に帰国した際、受け入れる学校がないという社会背景があったため、そうした帰国生を受け入れることが目的でした。

「世界平和に貢献する」という国際基督教大の理念を受け継ぎ、生徒たちがその理念を実現する人となるような教育を行っています。

創立以来、世界の100以上の国々や地域から約6500人の帰国生を受け入れ、現在も全生徒の3分の2を帰国生が占めています。帰国生と日本各地からの一般生が切磋琢磨しながら、いきいきとした学校生活を送っています。

中村一郎校長先生は「帰国生と触れあうことで、一般生の目は世界へと開かれていきます。そして、帰国生も一般生から刺激を受けます。1人ひとりが持つ個性を受け入れ、生徒同士がお互いを尊敬しているのが本校の特徴です。

海外で過ごした帰国生たちは、はっきりと自分の意見を言いますので、初めのうちは、一般生がカルチャーショックを受けるかもしれません。しかし、だんだんと一般生も、周りに合わせて自分の意見や考えを変える必要はなく『ありのままの自分でいていいんだ』と気づくようになります。そして、一般生・帰国生というくくりではなく、本校の校風に溶け込んでいくのです」と話されました。

## レベル別クラスによるきめ細かな学習指導

国際基督教大高では、一般生と帰国生が混ざるようにクラスを編成しますが、多くの授業はクラス別ではなく、レベル別に分けた少人数制で行います。カリキュラムは、文系・理系とコースに分けるのではなく、2・3年次に用意されている選択科目を、進路に合わせて選ぶ形になっています。

帰国生の多い国際基督教大高では、英語の授業に特色があります。全学年とも週に6時間が必履修となっています。1年次は、すべての時間をネイティブスピーカーの教員が担当します。一般生はついていけるかどうか不安かもしれませんが、レベル別に4クラス(各クラス約25名)に分かれるので心配いりません。2・3年次には、週6時間のうち3時間は日本語で英文法を学ぶことで、大学受験への対策も含めて確実に英語力を養うことができます。もっと英語を学びたければ選択科目があります。海外大学進学をめざす生徒に向けた科目もあり、ハイレベルな内容になっています。また、第二外国語としてフランス語・ドイツ語・スペイン語・中国語の授業が用意されているのも魅力です。

国語や数学も、英語と同じようにレベルごとに4つに分けられ、世界史も少人数で授業が行われています。自分のレベルに合ったクラスで学ぶことで、どの生徒もしっかりと学力を伸ばすことができるのです。

ほかにも特徴として、全学年で週に1時間、キリスト教の授業があります。「本当の自由とは」「信じること疑うこと」「善悪の基準」など、さまざまなテーマについて考えることで、思いやりや人に共感する心を育てています。

「授業でも国際色豊かな生徒の経験を最大限に活かすように心がけています。例えば、ウクライナで起きた

## 学習風景

多くの授業がレベル別に行われているため、生徒は自分に合ったクラスで確実に学力を伸ばすことができます。

出来事について授業で取り上げる場合は、ウクライナに住んでいた生徒に話をしてもらいます。ある1人の経験をみんなで分けあうことで、生徒の視野が大きく広がっていきます。」（中村校長先生）

## SGHの指定により教育体制がさらに充実

日本とは異なる文化、歴史のもとで育ってきた帰国生と一般生が集う国際基督教大高では、創立以来、お互いの個性を尊重しあう相互理解教育が実践されてきました。その教育が評価され、2014年（平成26年）に文部科学省より、SGH（スーパーグローバルハイスクール）に指定されることとなりました。

その活動の柱となるのが、「国際基督教大をはじめ、国内外の大学との提携」「国際体験、交流プログラム」「課題研究」の3つです。

現在も、オーストラリア学校体験入学プログラムやハワイ・プナホ高校国際交流リーダーシッププログラムといった海外プログラムがありますが、今後はさらに国際的な体験学習の場を充実させていく予定です。

課題研究のテーマは「多文化共生社会をめざす新しい社会貢献の提案」です。国際基督教大の教授もチームを組んで指導にあたり、海外で活躍する卒業生や保護者とも連携して、生徒の研究をサポートします。

また、課題研究において必要な論理的思考に基づいた「書く力」を育てるために活用されるのがライティングセンターです。ライティングセンターは、大学院生のチューターにレポート課題や大学の志望理由書などの相談ができる施設として2010年（平成22年）にスタートしました。いわゆる添削を行うのではなく、対話を通じて、生徒が「なにを書きたいのか」「どうすればよりよく書くことができるか」を生徒自身に見つけさせることを目的としています。日本語だけでなく英語の文章についても相談が可能です。

このように、これまでの経験を土台として、教育体制をさらに充実させていく国際基督教大高には、さらなる注目が集まることでしょう。

中村校長先生は「生徒に『グローバル』とはなにかと問いかけたところ、『自分らしくあること』という答えが返ってきました。日本以外の国で育ってきた生徒が多いからこそ出てきた言葉だと思います。本校には一般生と帰国生がともに築いてきた独特の学校文化があります。SG

### 行事

マリンキャンプ

修学旅行

学校祭

キャロリング

バイブルキャンプ

卒業式

体育祭

キリスト教教育を行っている国際基督教大高ならではのキャロリングやバイブルキャンプ、1年生が国際的なテーマで発表をする学校祭、英語でラジオ体操が実施される体育祭など、楽しい行事が盛りだくさんです。

Hの指定によって、その文化にさらに磨きをかけ、学外に向かって発信していきたいです」と話されました。

## 丁寧な指導により多様な進路に対応

進路指導は、入試情報の提供や模擬試験・個別面談の実施、ネイティブ教員による海外大学への進学指導など、きめ細かに行われています。教員と生徒がよく話し、生徒が将来なにをしたいのかということを、自分自身で見つけさせていく指導により、現役大学合格率は90%です。国際基督教大には成績等に基づき80名が指定校推薦されます。その他の進学先は、国公立大や私立の有名大学、医・歯・薬・看護学部、芸術系学部など多岐にわたっています。

このような丁寧な学習指導と進路指導が行われ、四季の移り変わりを感じられる自然に恵まれたキャンパスで、生徒たちは伸びのびと学んでいます。最後に中村校長先生に中学生のみなさんに向けてメッセージをいただきました。

「世界のさまざまな国で生活してきた生徒たちと本校で出会い、ともに過ごすことで、お互いの考え方や価値観を理解するようになります。高校時代にそういった経験ができることはみなさんの大きな成長につながると思います。生徒たちは学校が自由で楽しいと言います。生徒の笑顔があふれる本校に一度来ていただいて、その雰囲気を感じてください。中学生として精いっぱい元気に活躍している生徒さんを待っています。」

（中村校長先生）

## 部活動

学業と両立しながらクラブ活動にも打ち込む生徒が多くいます。どのクラブも先輩・後輩の仲がいいのが特徴です。

サッカー部

アーチェリー部

オーケストラ部

ハンドボール部

チアリーディング部

## 施設

豊かな自然に囲まれたキャンパスには、広々とした体育館やグラウンド、2010年にスタートしたライティングセンターなど、充実した設備が整えられています。また、キャンパス内に寮も併設されています。

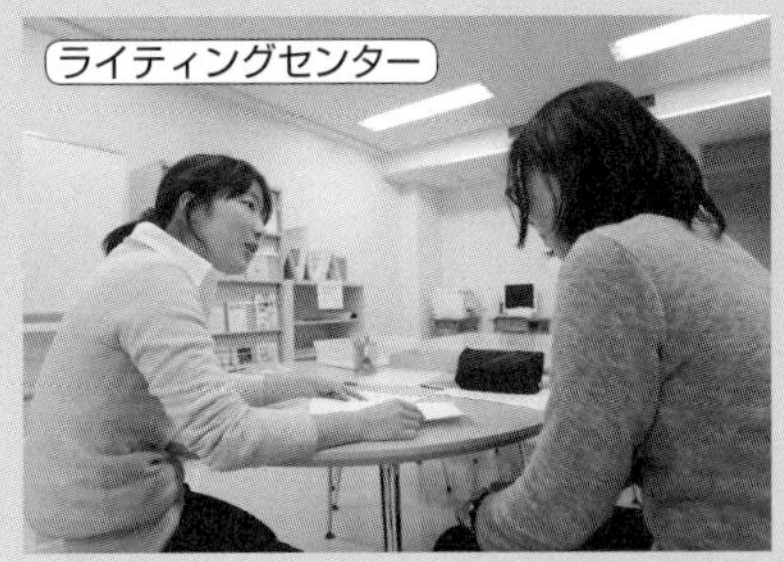
ライティングセンター

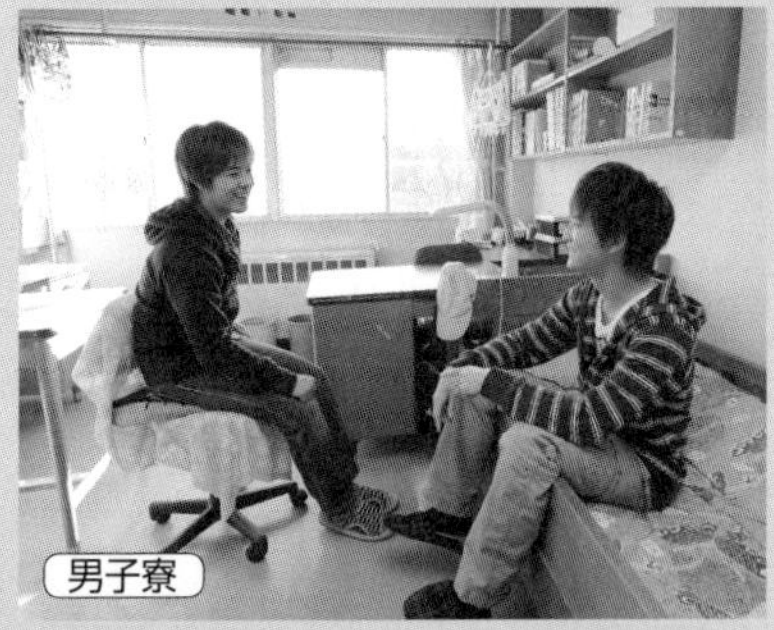
男子寮

体育館

キャンパス

**2014年度(平成26年度)進学状況および大学合格実績（ ）内は既卒**

| 大学名 | 合格者 | 大学名 | 合格者 |
|---|---|---|---|
| 国公立大学 | | 私立大学 | |
| 北海道大 | 1(0) | 早稲田大 | 51(5) |
| 筑波大 | 4(0) | 慶應義塾大 | 44(7) |
| 東京外大 | 2(0) | 上智大 | 62(7) |
| 東京芸大 | 3(1) | 東京理科大 | 12(3) |
| 東京工大 | 1(1) | 青山学院大 | 28(3) |
| 東京農工大 | 4(2) | 中央大 | 18(4) |
| お茶の水女子大 | 2(0) | 法政大 | 24(5) |
| 一橋大 | 2(0) | 明治大 | 40(7) |
| 金沢大 | 2(1) | 立教大 | 24(5) |
| 京都大 | 1(0) | 国際基督教大 | 81(0) |
| 首都大学東京大 | 2(2) | 海外の大学 | 8(0) |
| その他国公立大 | 5(3) | その他私立大 | 145(43) |
| 計 | 29(10) | 計 | 537(89) |

*School Data*

所在地　東京都小金井市東町1-1-1
アクセス　JR中央線「武蔵境駅」「三鷹駅」・京王線「調布駅」バス
生徒数　男子239名、女子507名
TEL　0422-33-3401
URL　http://www.icu-h.ed.jp/

3学期制　週6日制
月・火・木・金6時限　水5時限　土4時限
50分授業　1学年6クラス
1クラス約40名

No.201 School Navi

共学校　東京都　世田谷区

# 東京都市大学《とうきょうとしだいがく》 等々力《とどろき》高等学校

School Data

| | |
|---|---|
| 所在地 | 東京都世田谷区等々力8-10-1 |
| 生徒数 | 男子264名、女子245名 |
| TEL | 03-5962-0104 |
| URL | http://www.tcu-todoroki.ed.jp/ |
| アクセス | 東急大井町線「等々力駅」徒歩10分 |

## 都市大等々力ならではの特色ある取り組みを実践

「ノブレス・オブリージュとグローバルリーダーの育成」を理想の教育像として掲げている東京都市大学等々力高等学校（以下、都市大等々力）では、「高潔・英知・共生」の教育理念のもと、魅力的な教育を行っています。

### 独自のシステムで学力向上をめざす

都市大等々力では、「わからないことはその日のうちに解決」をモットーにし、生徒1人ひとりに最適な個別指導を行うための独自のシステム、「システム４Ａ」を導入することで、効率的な学習指導を行っています。

まず、生徒の理解度をこまめに確認するため、毎朝、到達度テストを実施し、校内のアナライズセンターでテストの採点、分析を行います。その分析をもとに、教員やチューターなどが丁寧な個別指導を実施し、1人ひとりに適正な課題を課します。この一連の流れを繰り返すことで、学力を丁寧に伸ばしていくことができるのです。

また、時間管理能力を高めることが学力向上につながると考えており、そのために「ＴＱノート」を用意しています。このノートは、学習予定や進捗状況を書き込める、都市大等々力が独自に開発したノートです。ＴＱノートを活用することによって、自己管理能力が育まれることはもちろん、自分で立てた学習計画を達成しようと自習に励むため、自学自習習慣も身につきます。

英語教育と理数教育に力を入れているのも特徴です。

英語の授業では、積極的に音読・多読を取り入れることで、実践的な英語力を養っています。放課後のイングリッシュセミナーではレベル別のゼミナールを開講し、また、日常的に開放されるイングリッシュサロンでは、ネイティブ教員と自由に会話を交わすことができます。さらに、修学旅行は、オックスフォード大の先生がイギリス国内の旅行をコーディネートしてくれる「語学研修旅行」として実施しています。このような連携は日本初の試みです。

理科の授業では実験を、数学の授業では「深く考えること」をそれぞれ重視しており、質の高い授業を展開しています。東京都市大との高大連携による「最先端科学講座」も魅力的で、工学部、環境学部、メディア情報学部などの学部の講座を開いています。

こうしてさまざまな取り組みを実践することで、２０１０年（平成22年）の共学化以来、進化を遂げてきた東京都市大学等々力高等学校は、これからも発展し続けていくことでしょう。

共学校　埼玉県　北葛飾郡

# 昌平《しょうへい》高等学校

School Data

| | |
|---|---|
| 所在地 | 埼玉県北葛飾郡杉戸町下野851 |
| 生徒数 | 男子1071名、女子608名 |
| TEL | 0480-34-3381 |
| URL | http://www.shohei.sugito.saitama.jp/ |
| アクセス | 東武日光線「杉戸高野台駅」徒歩15分またはバス、JR宇都宮線・東武伊勢崎線「久喜駅」バス |

## 熱意ある教員と充実した教育環境が魅力

昌平高等学校は「手をかけ　鍛えて送り出す」をモットーとする教職員の熱意ある指導が特徴です。「才能開発教育」「人間教育」「健康教育」「国際教育」の4つを柱に、チャレンジ精神と生きる力にあふれ、国際社会に貢献できる人材を育成しています。

### 4つの教育を柱としてきめ細かな指導を行う

「才能開発教育」として、生徒の可能性を最大限に引き出すためのきめ細かな学習指導が行われています。生徒の進路に合わせた「特別進学コース」と「標準進学コース」が用意され、コースのなかでさらにクラス分けがなされています。

「特別進学コース」は、「T特選クラス」「特選クラス」「特進アスリートクラス」「特進クラス」の4つに分かれます。4週目を除き土曜日にも授業が実施される週6日制で、国公立大、難関私立大受験に向けたカリキュラムが組まれています。そして、平日の講習や1・2年次の夏期休暇中に行われる学習合宿などで、さらなる学力向上が図られます。

「標準進学コース」は、「選抜アスリートクラス」と「選抜クラス」の2つに分かれ、G-MARCH以上の大学へ合格をめざします。隔週で土曜日に授業を行い、確かな学力を養います。

どちらのコースにもアスリートクラスが設けられているのは、「人間教育」「健康教育」として、学業と部活動の両立を大切に考える昌平ならではの特徴でしょう。学校が指定する部に入部している生徒が対象のクラスです。始業前に講習や朝学習が行われるので、放課後は部活動の練習にあてることができます。このように、昌平では、生徒が文武両道を実現できる教育が実践されているのです。

そして、生徒の学びをサポートするために、自学・自習室は職員室の隣に設けられ、いつでも教員に質問できる環境が整えられています。ほかにも、インターネットで配信される講座やチューターによる単元別講座も用意されています。

最後の柱が「国際教育」です。英語の授業は全学年で週に7～10時間確保されています。スピーチコンテストや英検に学校全体で取り組み、世界に通用する英語力を身につけます。会話力を磨くのに活用されるのはインターナショナル・アリーナです。日本語は禁止され、英語だけで常駐するネイティブ教員と会話する部屋です。こうして身につけた英語力はオーストラリア短期語学研修やカナダへの修学旅行で大いに発揮されています。

4つの教育を柱とした丁寧な指導により、充実した学校生活を送ることができる昌平高等学校です。

茨城県立 共学校

FOCUS ON
公立高校

# 土《つち》浦《うら》第《だい》一《いち》高等学校

## 新しい時代の先導者として未来を切り拓く人材を育成

豊崎《とよさき》 利明《としあき》 校長先生

School Data

**所在地**
茨城県土浦市真鍋4-4-2

**アクセス**
JR常磐線「土浦駅」バス

**TEL**
029-822-0137

**生徒数**
男子599名　女子361名

**URL**
http://www.tsuchiura1-h.ed.jp/

- 2学期制　週5日制
- 月～金6時限
- 土曜講座4時限(年間15回)
- 55分授業
- 1学年8クラス
- 1クラス40名

今年で創立118年を迎える歴史と伝統を誇る土浦第一高等学校。「授業第一主義」をモットーとした質の高い学びが土浦一高の真骨頂と言えます。学校独自の取り組みである「SEG海外研修」や、SGHへの指定により、真のグローバル・リーダーが育てられています。

### 創立118年を迎える伝統ある名門校

茨城県立土浦第一高等学校（以下、土浦一高）は、1897年（明治30年）に茨城県尋常中学校土浦分校として開校されたのが始まりです。1900年（明治33年）に茨城県立中学校へ改称され、現在地に移転。校内に現存する当時の校舎は、国の重要文化財にも指定され、土浦一高のシンボルとして長い歴史をいまに伝えています。その後、1948年（昭和23年）に現在の校名へと改称されました。

校訓は「自主　協同　責任」です。教育方針には、「①次世代をリードする高い知性とたくましい心身を有する生徒の育成　②個性の伸長　③広い視野と自主自立の精神を培う　④高度に発展する社会に対応し得る資質の育成　⑤豊かな人間性の涵養」があげられています。

豊崎利明校長先生は「本校では、『高き位に重き努めあり』を意味するヨーロッパの古いことわざ、『ノブレス・オブリージュ（Noblesse Oblige）』という言葉も掲げています。これは、『才能や環境に恵まれた者は、人々のために、そしてより良い社会を築くために、つねに高い志を持って努力する責務がある』というノブレス・オブリージュの精神を抱いて学校生活を送ってほしいという願いを表したものです。本校では、高い志を有し、社会に貢献できる人材を育成しています。生徒たちには、ノブレス・オブリージュの精神のもと、新しい時代の先導者として、わが国の未来を切り拓くため、勉学に勤しみ、友との交流を糧としながら学校生活を送ることを望んでいます」と話されました。

### 毎月実施の定期考査でしっかりと学力を定着

土浦一高での学びについて、豊崎校長先生にお聞きしました。

「本校では、『授業第一主義』をモットーとし、1分1秒を大切にした授業を行っています。そして、授業内容の理解度をみるために、ほぼ1カ月のインターバルで考査を実施しているのが特徴です。ひと月に1回の考査で、学力をしっかりと定着させることが目的です。

また、ひと月ごとの考査には、実力考査（高3は校内模試）が年3回（春休み明け・夏休み明け・冬休み前）含まれています。長期休業は、授業を受けて定期考査で確認してきたものを、もう1回復習するための期間

であると考えていることから、長期休業明けに実力考査や校内模試を入れているのです。
土曜日には、年間15回の土曜講座があります。午前中には5教科を主とした4時限の講座を行い、午後は社会の第一線で活躍する卒業生や筑波大の先生による講演会なども開催

## 校舎

学習館

校舎

美しいゴシック様式の意匠

旧土浦中学校本館

教室内に残る木製の机とイス

明治の木造建築である旧茨城県立土浦中学校本館は、天井が高く音がよく響くので、吹奏楽部や弦楽部の練習場所にもなります。趣のある校舎は、映画やドラマの撮影に使われることも多いそうです。

しています。夏休み中の夏期講座は、高1・高2が約5日間、高3は約10日間実施しています。」（豊崎校長先生）

カリキュラムは、高1・高2では、高2の日本史と地理の選択授業以外は共通履修です。高3ではじめて文系・理系のコースに分かれます。

豊崎校長先生は「色々なことを総合的に判断できる人間は、知識におけるさまざまな基礎が必要です。将来社会で活躍するために、高校時代に基礎学力を築いてほしいと思っています。

本校ではリベラル・アーツが昔から当たり前に考えられていました。カリキュラムも、高2までは文系・理系の枠を作らない形にしています」と説明されました。

さらに、生徒の学力を育むための施設として、学習館があります。1階・2階に自習室のある学習館で、生徒たちは朝は授業の前に自習をし、また、夜8時まで開放されているので、放課後や部活動が終わってからでも勉強することができます。

## ＳＥＧ海外研修と ＳＧＨへの取り組み

土浦一高は、２０１４年度（平成26年度）、文部科学省からＳＧＨ（スーパーグローバルハイスクール）に指定されました。また、6年前から、ＳＥＧ（Science Explorers Group）海外研修が行われていて、グローバル社会を見据えた教育に力が入れられています。

5回目となる２０１４年度（平成26年度）のＳＥＧ海外研修では、選抜された生徒38名がアメリカの東海岸の科学研究施設などを回りました。この海外研修は土浦一高独自のもので、単なる語学研修とは異なり、海外での「本物体験」を重視した内容です。

毎年、科学に触れるため、ボストンのハーバード大やマサチューセッツ工科大の研究室を訪問し、教授からのレクチャーを受け、英語での討論も体験しています。

さらに、ニューヨークでは、世界経済の中心であるマンハッタンを見学しました。

「ＳＥＧ海外研修は、春休みに約10日間の日程で行きます。世界のトップを知ることで、これからどのような考え方を持って生きていくのかを学ぶ研修です。こうした本校の教育方針は、文部科学省のＳＧＨ事業とマッチすると考え、申請をしました。」（豊崎校長先生）

土浦一高のＳＧＨのコンセプトビ

## 一高オリンピック

「一高オリンピック」の名で親しまれている体育祭。クラスごとに団結して優勝をめざします。

## 一高祭（文化祭）

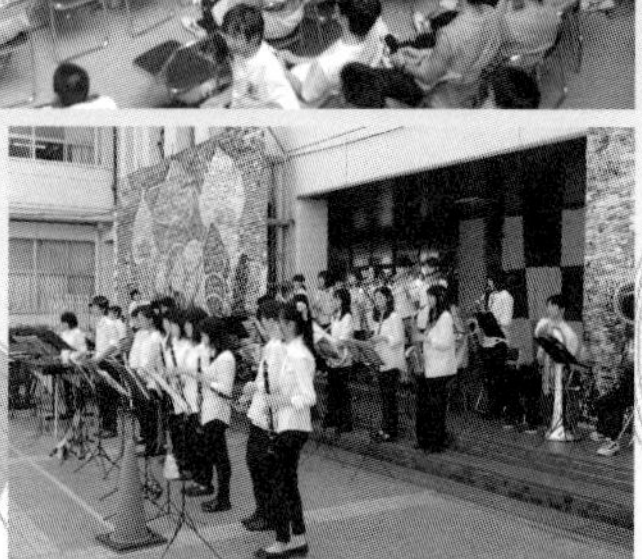

例年２日間で約6000名が来場する「一高祭」（文化祭）。実行委員は1年間かけて準備をします。

## 行事・部活動

年間を通じてさまざまな行事を経験します。「歩く会」は約28kmの道のりを1日かけて歩く名物行事の1つ。部活動も盛んです。

サッカー部

陸上競技部

野球応援

歩く会

バスケットボール部

授業第一主義の土浦一高。密度の濃い55分授業が実施されています。

## 授業風景

ジョンは「生物資源を活かすビジネスを起業する課題研究で育むグローカル人財」です。

『グローカル』とは、グローバルと『地方』を意味するローカルという2つの言葉を組みあわせた造語です。本校が取り組むSGHでは、地元のよさを世界に発信できるようなグローバル・リーダーの養成をめざします。生物資源が豊富な茨城県の特性を活かし、筑波大や筑波銀行の支援を受けながら課題研究を完成し、起業提案ができるまでの力を養っていきたいと考えています。1年生では地元のフィールドワークを行い、2年生では海外でのフィールドワークを実施します」と話されました。

### 多くのことに挑戦する充実した高校生活

進路・進学指導も3年間かけて行われます。高1では企業・研究所訪問があり、グループに分かれてさまざまな企業や研究所を訪れます。

高2では「東大研」と「医学研」があります。東京大をめざす生徒向けの「東大研」では、東京大に進学した卒業生の話を聞いたり、東京大の見学に行ったりします。医学部をめざす生徒向けの「医学研」では、医学の現場を体験することで、大変さやりがいを実際に経験できます。

毎年、東京大をはじめ、難関国公立大への合格実績がめだつ土浦一高は、どのような生徒さんを求めているのでしょうか。

「高い望みや志を持った、意欲のある生徒に来てもらいたいです。文武両道で勉強・部活動・学校行事に精力的に取り組む生徒であり、さらに言えばそれらにプラスアルファを求めたいです。例えば数学オリンピックや科学の甲子園など、それぞれの力を発揮できる色々なものにチャレンジしてほしいです。失敗してもいいから、多くのことに挑戦して、大きく成長する意欲のある生徒に来てほしいですね。」（豊崎校長先生）

**2014年度（平成26年度）大学合格実績**（）内は既卒

| 大学名 | 合格者 | 大学名 | 合格者 |
|---|---|---|---|
| 国公立大学 | | 私立大学 | |
| 北海道大 | 5(4) | 早稲田大 | 86(67) |
| 東北大 | 20(9) | 慶應義塾大 | 40(30) |
| 茨城大 | 9(1) | 上智大 | 25(17) |
| 筑波大 | 53(20) | 東京理科大 | 113(89) |
| 千葉大 | 13(8) | 青山学院大 | 21(12) |
| 東京大 | 21(13) | 中央大 | 45(22) |
| 東京工大 | 5(5) | 法政大 | 29(13) |
| 東京外大 | 6(4) | 明治大 | 73(51) |
| お茶の水女子大 | 3(0) | 立教大 | 27(12) |
| 京都大 | 6(5) | 国際基督教大(ICU) | 3(0) |
| 大阪大 | 2(1) | 学習院大 | 6(2) |
| その他国公立大 | 46(26) | その他私立大 | 239(96) |
| 計 | 189(96) | 計 | 707(411) |

# 和田式教育的指導

## 高校受験のために一生懸命勉強した習慣はこれからも続けること

**受験シーズンです。本番がこれからという人もいれば、すでに入試を終えた人もいるでしょう。結果はどうあれ、勉強は高校、そして大学まで続くものです。今回は、高校受験のために毎日勉強に取り組んだ習慣を、このまま維持することの大切さについてお話しします。**

### 受験が終わっても勉強は続いていく

受験が終わった人も、これから本番だという人にも、伝えておきたいことがあります。それは、受験が終わっても、勉強するのをやめてはいけないということです。なぜなら、高校受験は終わりましたが、勉強はこれからも続いていくからです。

高校でも、英語や数学など、これまでやった教科は勉強します。しかも、3年後には大学受験もあります。受験が終わった安心感と油断から、勉強をやめてしまう人もいますが、将来のことを考えると、それはとてももったいないことなのです。

志望校に合格してから高校の入学式までは、だいぶ日数があります。この間に遊んでしまうと、高校受験まで毎日欠かさず勉強してきたことによって築かれた学習習慣が途切れてしまうことになるからです。

### これまでの学習習慣を維持することの大切さ

受験生のみなさんは、高校受験のために毎日一生懸命勉強に励んできたことで、勉強が習慣化されています。それはとても重要です。

日々の生活のなかで、ある行動を習慣化させるのは、最初は時間がかかるし、大変に思うこともあるかもしれません。しかし、一度習慣化されると、今度はそのことをしないと「なんだか気持ちが悪い」、「しっくりこない」というように生活に欠かせないものとなります。

Hideki Wada

## 和田秀樹

1960年大阪府生まれ。東京大学医学部卒、東京大学医学部附属病院精神神経科助手、アメリカのカールメニンガー精神医学校国際フェローを経て、現在は川崎幸病院精神科顧問、国際医療福祉大学大学院教授、緑鐵受験指導ゼミナール代表を務める。心理学を児童教育、受験教育に活用し、独自の理論と実践で知られる。著書には『和田式　勉強のやる気をつくる本』（学研教育出版）『中学生の正しい勉強法』（瀬谷出版）『難関校に合格する人の共通点』（共著、東京書籍）など多数。初監督作品の映画「受験のシンデレラ」がモナコ国際映画祭グランプリ受賞。

　例えば、赤ちゃんに歯磨きをさせようとします。最初は嫌がってギャーギャーと泣き叫びます。ところが、回数を重ねてくると、徐々に歯磨きすることに慣れてきます。すると今度は、歯磨きをしないと気持ちが悪くなって、「磨いて」とお願いしたり、進んで自分から磨くようになるのです。

　これと同じことが勉強にも言えます。勉強を習慣化できれば、勉強しない日があると、「なんだかサボっているような気がして落ち着かないなぁ」、「勉強しないと頭が悪くなったような気がして嫌だなぁ」と感じるようになります。そうなればしめたものです。前述した通り、勉強は高校でも大学でも必要です。それを習慣化できれば、勉強することを苦には思わなくなるからです。

### 高校入学までにやっておくことは

　学習習慣を維持するため、そして将来の勉強につなげるためにも、毎日の勉強は1~2時間でも続けることが大切だということがわかりましたね。それでは、具体的に高校の入学式までにどんなことを勉強すればいいかを確認してみましょう。

　まずは、中学で学習した内容を、もう一度復習しておくといいでしょう。中学で習う内容はこれからの勉強の基礎になります。しっかりと復習することで高校からの学習がスムースになります。

　少し余裕がある人は、高校内容の先取り学習をしてみてください。英語や数学の参考書、または問題集に目を通してみるといいでしょう。

　受験で身についた勉強の習慣は、これからも継続していきましょう。

## 和田先生のお悩み解決アドバイス!!

Question

### 試験が心配でよく眠れません

Answer

### 眠りやすいように身体を整えよう

　入試直前期などには、不安な気持ちが募り、眠れなくなってしまう場合があります。睡眠時間が足りないと頭も働きません。こんな状態が続くと心配ですね。

　人間の身体は交感神経と副交感神経という２種類の自律神経がバランスよく働くことで生命を維持しています。睡眠時やリラックスしているときに働くのが副交感神経です。つまり、眠れないときとは、緊張などで副交感神経がうまく働くことができていない状態なのです。

　ですから、まずは副交感神経が働くように、リラックスすることを心がけるのが大事です。寝る前に軽食をとって軽くお腹を膨らませたり、温かい飲みもの（カフェインの入っていないものがよいでしょう）を飲んでみたり、お風呂に入って身体を温めてから寝るのもおすすめです。ホッとリラックスすることで、身体を眠りやすい状態へ導いていくのです。自分がリラックスしやすい方法を知っておけば、入試前に緊張したときでも安心ですよ。

教育評論家 正雄 佐の

# 高校受験指南書

# 国語

［九拾九の巻］

## 昨年出た難しい問題4

Tasuku Masao

前号は「昨年出た難しい問題」の国語だったが、取り上げたお茶の水女子大学附属の問題は、問題文も長いし、問いの数も多いので、途中まででしか説明できなかった。

「1カ月も経ったので忘れたよ」という人もいるだろうし、また、問いを解くのにも必要だから、前号（2月号）を本棚から抜き出して、用意してくれ。

では、説明を再開しよう。

反対に自分がしないことをするのを目撃すると、敵対意識を持つかもしれない。例えば、食事に際し日本人は箸《はし》を用いる。それが、インドやインドネシアからやって来た人を食事に招き、突然手で食べだすのを目にしたら、嫌悪感を持つのではないだろうか。しかもたとえ、向こうではそういう習慣なのだと教わっても、その思いを打ち消すのは、なかなかたいへんである。

人間の食物の味わい方は多様である。舌で賞味するのに加え、日本人は見た目を大切にする。かたやインドやインドネシアの人は、口に入れる前に指で触感を楽しむようだ。②その変異は、③明らかに幸島のサルのイモ洗いの延長線上にあるととらえられるだろう。ただし人間では、さらに踏み込んで同じ行為をすることで仲間意識を育《はぐく》み、違う行為をする者によそ者意識を向けるように進化してきたのである。

サルは生物の一員として進化を遂げる中で、多様な環境へ適応するため、それまでになかった行動の〔注6〕可《か》塑《そ》性を手に入れた。学習能力である。

〔注6〕可塑性…自在に変化することができる性質。

問五　傍線部②「その変異」がさすものを六〇字以内で答えなさい。

問六　傍線部③「明らかに幸島のサルのイモ洗いの延長線上にあるととらえられるだろう」とありますが、どういう点でそう言えるのですか。本文中から一〇字以内で抜き出して、「…する点」に続く形で答えなさい。

まず、問五だ。これは難しいと思う人もいるだろう。

「変異」は『以前と違ったものになること』という意味で用いることが多いからだ。ところが、この文章は読んでわかるように動物学の専門家が書いたもので、意味が少し異なるんだ。

動物などを研究する生物学では、「変異」は『同じ種類の生物でも、形や性質が少し異なること』という意味で使う。

傍線部②の前には、同じ人間でも日本人とインド人・インドネシア人では、食物の味わい方が異なることについて記されているね。それが「その変異」だ。

だから、問五は、傍線部②の直前の「人間の食物の味わい方は多様である。舌で賞味するのに加え、日本人は見た目を大切にする。かたやインドやインドネシアの人は、口に入れる前に指で触感を楽しむようだ。」をまとめるといい。

**解答例**

**食物を舌で味わうだけでなく、日本人は見た目を大切にし、インド人・インドネシア人は指で触感を楽しむという違い。（54字）**

問六の「延長上にある」というのは、『見かけは別のもののようだが、ある点で同じだ』という意味だ。

だから、傍線部③は『（人間の食物の

味わい方の違いは）幸島のサルのイモ洗いとある点で同じだととらえられるだろう』ということだね。

では、「どういう点でそう言えるのだろう」か。人間もサルももともとは食べものをそのまま口にしただろう。

ところが、人間のだれかが火で焼いたり水で煮たりしたのだろう。それをそのまま手でつかむのは熱い。それで木の小枝で刺してフーフー言いながら食べた。

それをほかの者たちが真似をし、やがてそれが箸で食べるというスタイルになった。

それは、幸島のサルがイモを海水につけて食べるようになったのと同じだ。

どちらも、こうするといいという新しいやり方を学んだのだ。これを学習という。

つまり、人間もサルも「学習能力」がある点で同じなのだ。

問六の答えに使えるような語句は問題文のどこにあるだろうか。

「多様な環境へ適応する」を抜き出して『多様な環境へ適応する点』などと考えたくなるが、これは不十分な答えだ。「学習能力」があるから、「環境へ適応」できたのであって、学習と環境への適応はイコールでない。

正答に用いる語句は、前号にある。

2月号32ページの上段だ。そこに「個々のサルが生後に環境の中で学習した行動」という語句があるね。これから『一〇字以内で抜き出して、「…する点」に続く形』にすると正答ができあがる。

**正解** **生後に環境の中で学習する点**

続きを見ていこう。

学習能力があるからこそ、イモ洗いも石器使用も「発明」し、後世に「伝える」ことができるのだ。それを踏まえて人類は、同じ行動パターンをする者に連帯感を抱き、かつ違う行動パターンをやってみせる者には、敵対感情を抱くように、心が形づくられたのである。

つまり、④価値が付与されたのだ。ここがサルの文化もどきの行動と、人間の文化の決定的な相違だろう。住む者の環境ごとに立居振舞に違いがあり、その同一感や違和感が好悪の感情と結びついたときに、文化は誕生したともいえるだろう。

問七　傍線部④「価値が付与された」とは、ここではどういうことですか。説明として最も適切なものを次の中から選び、記号で答えなさい。

ア、各自が環境の中で学習した適応能力に優劣の差が生まれるようになったこと。

イ、環境によって異なる他者の立居振舞に好悪の感情を持つようになったこと。

ウ、それぞれの環境で独自のノウハウを編み出して競い合うようになったこと。

エ、多様な環境に適応するために行動の可塑性を手に入れるようになったこと。

オ、違う環境の行動パターンに対して敵対感情を抱くように心が形づくられたこと。

傍線部④の直前に「つまり」とある。前の段落に述べられていることを短くつめて「価値が付与された」と記したのだ。

とすれば、「心が形づくられた」のが「価値が付与された」ことだろう。

原始時代の人間はすでに心を持っていただろうが、その心が「同じ行動パターン」の者には「連帯感を抱き」、「違う行動パターン」の者には「敵対感情を抱く」というふうに、心が作られたのだ。

箸を使うといいぞと学習して、同じく箸を使う人たちに好感を抱き、箸以外の人たちを嫌だなと思う、そういう好き嫌い（＝価値）が心に加わった（＝付与された）というのだね。

ついでに言うと、そういう価値が生じたときが、文化の誕生だと筆者は述べている。

**正解** **イ**

さぁ、どんどん読み進めていこう。

その結果、メンバーがより多くの側面について、より可塑的に共通した行動をとるコ[注7]ミュニティーは、その分、他のコミュニティーより集団としてのまとまり（凝集性）を高めることに成功していった。むろん、まとまりのよい集団は機能的にすぐれている。どんどん繁栄していったに違いない。おのずと、その文化は隆盛をきわめることとなる。

しかも集団としてのまとまりは、常に他者を集団外へ排[c]

斥することとB表裏一体をなしている。他のコミュニティーのメンバーは、どんどんd駆逐されていった。そしてやがて、文化は身体的な次元にとどまるのではなく、⑤純粋に観念的な次元にまで及ぶようになっていった。むろん、その背後には言語能力の発達がある。

ことばをeアヤツることができるようになる中で、「人は〜すべきである」という考え方が生まれ、メンバー内に共有されるようになった。「食事をする際には、箸を使うべきである」といった身体の技法に始まり、規範にあたるものは次第に複雑化する。単に好き嫌いの次元を離れ、倫理・信仰・道徳といったものが形成されてくる。象徴的な倫理を信奉することによって、互いの結びつきを維持するような社会が誕生するにいたったのである。

（正高信男《まさたかのぶお》『考えないヒト』による。本文を改めたところがある）

〔注7〕コミュニティー…共同体。

問二　二重傍線部a・b・c・d・eについて、漢字はその読み方をひらがなで記し、カタカナは漢字に改めなさい。

問三　太実線部B「表裏一体」の意味として最も適切なものを次の中から選び、記号で答えなさい。

ア、表裏どこから見ても区別がつかないほど二つがよく似ていること。

イ、何事も表面に出ていることとは別に裏の面を持っていること。

ウ、反対に見える二つのものが根本では密接に結びついていること。

エ、二つのものが互いに表も裏もなく同じ状態になっていること。

オ、別々の事柄が何かのきっかけで強く結びつき一体化していること。

問八　傍線部⑤「純粋に観念的な次元」にあたるものを本文中から六字で抜き出して答えなさい。

問二のa・bは前号でやった。残りの答えはこうだ。

**正解**

**c＝はいせき　d＝くちく　e＝操**

問三は四字熟語で、高校受験生ならだれでも知っているはずの語だね。

**正解**

**ウ**

問八は難しい。

「観念」は『あきらめること』という意味でも用いるが、入試の評論文では『頭のなかで考えたもの』をいう。考えとか意識とかの中身が観念だ。品物などの物質とは違って、手で触ることも目で見ることも耳で聴くこともできない頭のなかにだけあるもののことだよ。

問八を解くために、今号の問題文の内容を整理してみよう。

人間もサルも学習能力によって、こうするとうまいという新たな食べ方を身につけた。サルはそれだけで終わった。

だが、人間はその新しい方法、こうするといいという技（文化）をほかの者たちも身につけて、「自分たちは同じ仲間だ」という連帯感が生まれた。

それは同時に、「あいつたちは自分たちと違う」という嫌悪感や敵対感も生み出した。

仲間《メンバー》がまとまって共同体《コミュニティー》ができ、そのまとまりのいい共同体は文化を高めてどんどん繁栄し、ほかの人たちを排斥し駆逐して（わかりやすくいうと、追い出したり、殺したり、奴隷にしたりして）いった。

さらに文化は発達して、「私たちは何々すべきだ」という考え方（規範・きまり）が生まれた。

規範は倫理とか信仰（宗教）とかというふうに複雑化して、共同体（社会）は、同じ規範を大事にする仲間も集団になっていった。

例えば、太陽が毎朝、空に輝かずに曇ったり雨が降ったりばかりでは、暮らしが成り立たない。

そこで、太陽の力をありがたく気高いものだと感じて、太陽を最も大切にすべきだという規範（太陽信仰）ができる。

しかし、そう思わない人たちがいたら、そのメンバーを「駆逐」する。太陽が幸福の象徴《シンボル》だ、太陽を汚してはならない、というきまり（象徴的な倫理）の社会ができあがる。

このようなことを筆者の正高さんは述べているのだね。そうだとわかれば、問八は解ける。

「純粋に観念的な次元」というのは、「完全に心の中に思い浮かべられただけのもの」だったね。それは、問題文にこう書かれている。

「身体の技法に始まり、規範にあたるものは次第に複雑化する。単に好き嫌いの次元を離れ、倫理・信仰・道徳といったものが形成されてくる。（そういう倫理・信仰・道徳という）象徴的な倫理を信奉することによって、互いの結びつきを維持するような社会が誕生するにいたったのである。」

この部分に記されている「純粋に観念的な」ものは、「倫理・信仰・道徳」か「象徴的な倫理」だ。そのうち六字のものは後者だね。

**正解**

**象徴的な倫理**

この部分はたいそう難しいが、図示すると、こうなる。

身体の技法（例えば食べ方）
←複雑化
好き嫌い（＝単純な規範）から離れる
←
倫理・信仰・道徳
←
象徴的な倫理を信奉する社会

さあ、これで終わった、と言いたいところだが、前号であと回しにしておいた問九が残っている。

私は、これをただちに人間の文化と対等とみなすつもりはない。ただ、萌芽《ほうが》的な側面を有していることはやはり事実だろう。それは何かというと、個々のサルが生後に環境の中で学習した行動が、集団単位で時間を超えて維持されているという点である。文化とは、外縁の明確な集まりの中で、メンバーによって[注2]斉一《せいいつ》的に共有されていなくてはならない。そして世代から世代へ伝えられていく。

問九　破線部「私は、これをただちに人間の文化と対等とみなすつもりはない。ただ、萌芽《ほうが》的な側面を有していることはやはり事実だろう」とありますが、どういう点でそう言えるのですか。一〇〇字以内で記しなさい。その際、人間の文化と比較して答えること。

この問のポイントは2つある。第1は「人間の文化と対等」でないという点の説明、第2は「（人間の文化の）萌芽的な側面」の説明だ。

第1ポイントは「幸島のサルのイモ洗いは、人間の文化と同じレベルではない」ということだね。

第2のポイントは「幸島のサルのイモ洗いは、人間の文化の芽生え（初め）と共通している」ということだよ。

第1ポイントはさておき、第2ポイントについては、破線部のすぐあとに「それは何かというと、個々のサルが生後に環境の中で学習した行動が、集団単位で時間を超えて維持されているという点である」と述べられている。

つまり、第2ポイントは「個々のサルが生後に環境の中で学習した行動が、集団単位で時間を超えて維持されている」という点だ。これは人間の文化と同じで、だれかある1人・1匹（＝個体）が新しく知ったやり方を、ほかの者たちも真似をして、それを子どもや孫がずっと引き継いで行う、ということだ。

では、第1のポイントはどうだろう。サルと人間の違いは、問七で考えた傍線部④の個所に書かれている。

つまり、④価値が付与されたのだ。ここがサルの文化もどきの行動と、人間の文化の決定的な相違だろう。住む者の環境ごとに立居振舞に違いがあり、その同一感や違和感が好悪の感情と結びついたときに、文化は誕生したともいえるだろう。

サルの行動は「文化もどきの行動」であって、「人間の文化」と「決定的な相違」があるという。サルはほかのサルの行動をただ猿真似をするだけだが、人間はほかの人間の行動を「同一」と感じたり「違和」と感じたりして、好き嫌いが生じる。それが文化だと、筆者ははっきり記している。これが第1ポイントだ。

以上の2つをまとめると、次のようになるね。

**解答例**

**サルは、人間のように行動パターンによって同一感・連帯感を抱いたり、違和感・敵対感を抱いたりしないが、個々のサルが生後に環境のなかで学習した行動が、集団単位で時間を超えて維持されている、という点。（97字）**

3年生のみんなは、あと2カ月足らずで高校生だね。

第1志望の高校で新しい学校生活を送る人たちはもちろんのこと、たまたまそうでない人たちも、3年前を思い出してほしい。

中1の入学式から今日まで、ずいぶんと変化（その大部分は成長）しただろう。高校では同じ3年という長さでも、中学以上にさまざまなことを経験できるはずだ。

それを楽しみにして、さあ、前進したまえ！

**編集部より**

正尾佐先生へのご要望、ご質問は
FAX：03-5939-6014
Eメール：success15@g-ap.com

# 国語

# 東大入試突破への現国の習慣

田中コモンの今月の一言!

## 「この次はもうない」という危機感を演出して、今、取り組むこと!

田中《たなか》 利周《としかね》先生

早稲田アカデミー教務企画顧問

東京大学文学部卒。東京大学大学院人文科学研究科修士課程修了。文教委員会委員。現国や日本史などの受験参考書の著作も多数。


### グレーゾーンに照準! 今月のオトナの言い回し「消去法」

「消去法」と聞くと皆さんは何を思い浮かべますか? やはりそう、あれですよね、「記号選択問題の解法の鉄則!」なのではないでしょうか。「傍線部の内容の説明として正しいものを次のうちから一つ選びなさい」と言われて、「これが正解だ!」と思う選択肢を最初に選んでしまうのではなく、「これは明らかに違う」という選択肢を「消去」していくことで、最後に残った選択肢を正解だと選び出す方法。今回この消去法について解説しようと思ったのは、国語読解問題の解き方を皆さんに伝授しようと考えた…からではありません。解法のテクニックとしての消去法の話ではなく、人間の脳の仕組みに関わる本質論的な「消去法」ということがらについて、皆さんにお伝えしようと思ったからです。一つのエピソードをご紹介しますね。

「どうしてウチの子は、口をすっぱくして言ってきかせても、勉強法を変えようとしないのでしょうか? 理解に苦しみます。」お母様が悲痛な叫びとともに教育相談にいらっしゃいました。「問題を解いたら解きっぱなしで、テストの前にもう一度見直すということを、どうしてしてくれないのでしょうか?」そうですよね、間違い直しを効率的にこなすことはとても重要ですよね。しかもテスト前ならなおさらですよね。お母様のお話はもっともだと思いますよ。「間違えた箇所をノートに書き写しておけば、テスト直前にノートを見直すだけで一度に復習ができてしまうというのに、どうしてノートをつくってくれないのでしょうか?」そうですよね、「直しノート」をつくることはとても効果的ですよね。テスト直前の復習はコレ一冊で十分! というくらいです。お母様のお話は経験に基づいた説得力があると思いますよ。「では、なぜ、ウチの子は、言うことをきいてくれないのでしょうか?」それはですねお母様、人間は「消去法」でしか学べないからなんです。

「人は消去法でしか学べない」これは脳科学者の池谷裕二さんの言葉です。池谷さんは記憶をつかさどる海馬(脳の部位)の研究で博士号を取得された先生です。先生はおっしゃいます。私たちが何か新しいことを学ぼうとするとき、例えば幼児がコップから水を飲むという動作を覚えようとするとき、どうやってコップをつかんでうまく口に運べるかということについて「正しい方法を一気に学べるものではない」ということが基本にあるのだと。何度もコップから水をこぼして、びしょびしょになりながら、いつのまにか上手に水を飲むことができるようになる。これが学習の本質なのです。様々な方法を試してみて、うまくいかなかった方法を消去し、うまくいった方法だけを残して次回から再現できるようになっていく。これこそが学習の仕組みなのです。私たちが新しい行動習慣や考え方を身につけようとした場合、いくら他の人から「これが正しいのだから、これをやりなさい！」と言われても、なかなかその通りにできないのは、自分で様々なことを試して、その正しさを消去法で身をもって体験しない限り、その方法は身につかないということなのです。

　ですからお母様、あせらずに見守ってあげてください。いずれ必ずお子さんは「直しノート」というやり方の正しさに気づくことでしょう。けれども、他のまちがったやり方を試してみて、うまくいかない、これはダメだ「消去」しよう、という経験を積まないことには、どうしても身につけられないものなのですよ。「先生、それはウチの子が幼児レベルだと、そういうことではないでしょうね（笑）？」ご心配なく、お母様。これは人間の脳の性質から解き明かされた、学習の仕組みなのです。

　自分でやり方を考え、工夫し、うまくいかないときには反省して修正する。これこそが中学生に求められる勉強法なのです。中間テストや期末テストは、そのためのチャンスです。こういうとお母様は「テストがうまくいかないのは困ります！」と、また渋い顔をされるかもしれませんが…。でも失敗してもいいのです。むしろ中学生の時期に失敗をたくさん経験することが大事なのです！　失敗をして、それを基礎として次に何をするかを考え、そしてまた失敗して…というプロセスが重要です。これは違う、あれは違うと「消去」して、ようやく答にたどりつくのですから。ここで何よりも大切なのは「失敗してもめげない気力」になります！　ですから、お母様、お子さまに「勉強のやり方」を指導することよりも、失敗したときに応援してあげることを重視してあげて下さいませ。めげずに気力が続くように、ご家族で応援してあげて下さい！

## 慇・懃・無・礼?!
## 今月のオトナの四字熟語
## 「一期一会」

「いちごいちえ」と読みます。「一期」は「人が生まれてから死ぬまで」を意味する言葉、「一会」は「ひとつの集まり、会合」を意味する言葉です。これを組み合わせて「一生に一度だけの機会」や「生涯に一度限りであること」を意味する四字熟語となりました。「生涯に一回しかないと考えて、そのことに専念する」という心構えを表す言葉でもあります。特に茶道の心得を示した言葉として有名ですよね。「どの茶会でも一生に一度のものと心得て、主客ともに誠意を尽くすべきこと」。千利休の言葉とされています。「お茶を飲む」という、日常で繰り返される何気ない行為も、「今この目の前のお茶を飲む」というのは、一生に一度しかできないことなのです。明日飲むお茶は、今日のこのお茶とは違うのですから。お茶を出すほうも、お茶を飲むほうも、一生に一度のタイミングだと心得て、全力？を尽くすべきだという教えです。

　この「一期一会」という言葉を、筆者はふと、上野動物園で思い出したのです。筆者には三歳の子どもがおりまして、近所の上野動物園にはお散歩がてら、頻繁に訪れています。特に「アザラシ・アシカの海」という展示施設はお気に入りで、毎回必ず足をとめて眺めています。皆さん「アザラシとアシカの違い」って分かりますか？　施設の掲示板にはその違いが細かく説明してあるのですが、私はいつも説明を読むこともなく実物のアザラシ・アシカを眺めていたのでした。何度も来ているし、そのうち読むヒマもあるだろうと、思っているうちにもう三年が過ぎてしまいました。この間、少なくとも五十回以上は来園しています。それでも、ただの一度も、「アザラシとアシカの違い」の説明を読むことはありませんでした。このときです。筆者の頭に、ふと「一期一会」という言葉が浮かんだのです。「今、説明を読まなければ、二度と読むことはない！」この覚悟で、掲示板の説明をしっかりと読みました。理解できましたよ。ここにいるのは「ゼニガタアザラシ」と「カリフォルニアアシカ」だということが。体型から、耳の形状、前足の形状、後足の形状と、それぞれの違いを理解しました。

　自分にとって、慣れっこになってしまっていることほど、あえて「今しかない！」という気持ちで取り組まなければ、身につかないということを、あらためて確認した次第です（笑）。またこの次もあるから…という意識ではダメなのです。皆さんも、漢字や単語の「確認テスト」のための勉強を、「いつもの通り」で流してしまっていませんか？　いつもやる当たり前の行為こそ「一期一会」の覚悟で、「この次はない！」という危機感を演出しながら、今に集中するという意識を持ってください。効果大です！

し，円錐の容器の厚さは考えないものとします。　（埼玉県）

**＜考え方＞**

与えられた断面図において、球の断面は円であり、円の接線は接点を通る半径と垂直ですから、相似の比例式が利用できます。

**＜解き方＞**

右図のように、球と母線ABとの接点をIとする。

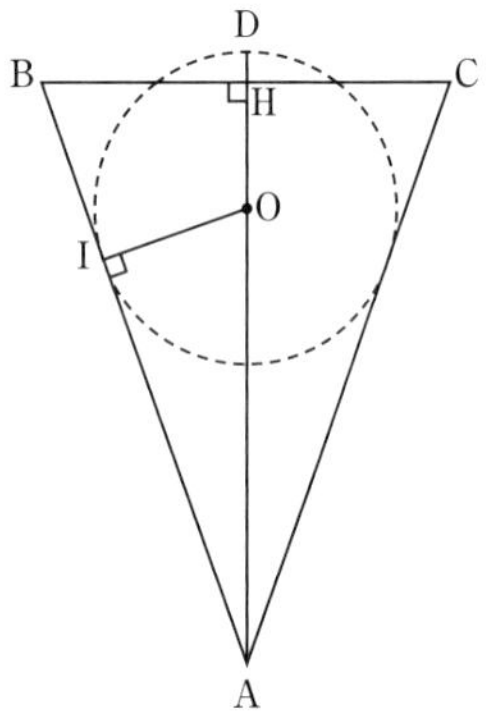


球の半径を$r$とすると、

OI＝$r$、AO＝$12-r$

△AOI∽△ABHだから、

AO：AB＝OI：BHより、

$(12-r):12=r:4$

これを解いて、$r=3$

よって、球の体積は、

$\frac{4}{3}\times\pi\times3^3=$**$36\pi$**（$cm^3$）

次の問題は、球を平面で切断したときの断面の半径を求めるものです。

**問題３**

右の図Ｉのように１辺の長さが6cmの立方体がある。次の各問いに答えなさい。

（鳥取県）

**図Ｉ**

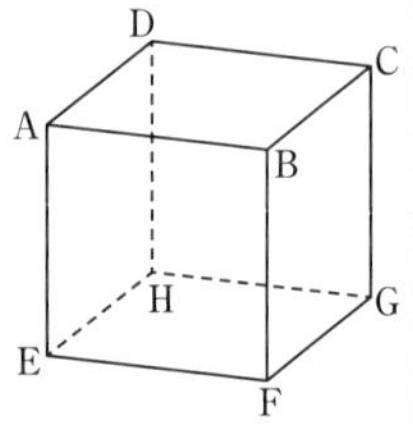


(1)線分BDの長さを求めなさい。

(2)三角錐ABDEの体積を求めなさい。

(3)右の図Ⅱのように，この立方体の頂点Aを中心とする半径4cmの球がある。この球を，３点B，D，Eを通る平面で切ったとき，切り口の図形は円になる。この円の半径を求めなさい。

**図Ⅱ**

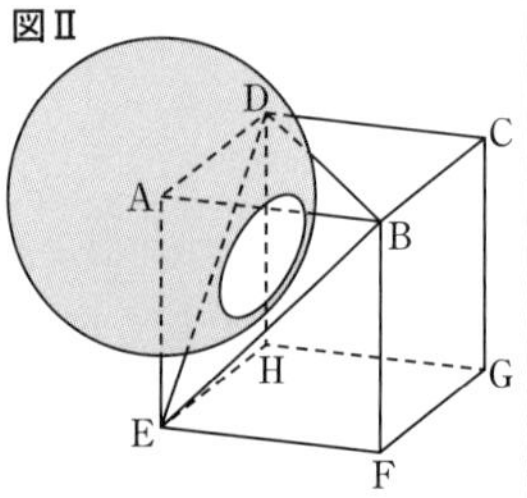


**＜考え方＞**

(3)　(2)の結果を利用すると、頂点Aと切り口の平面までの距離が求められます。

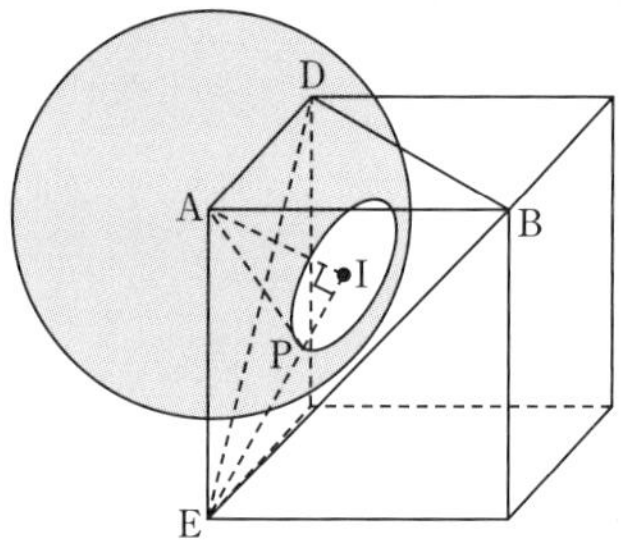


**＜解き方＞**

(1)　１辺が6cmの正方形の対角線だから、

**$6\sqrt{2}$**（cm）

(2)　△ABDを底面とすると辺AEが高さにあたるので、その体積は、

$\frac{1}{3}\times\frac{1}{2}\times6\times6\times6=$**36**（$cm^3$）

(3)　上図のように、頂点Aを通り、切り口の円に垂直な直線が切り口の円と交わる点をIとすると、Iは切り口の円の中心であり、△BDEを底面としたときの三角錐ABDEの高さでもある。

△BDEは１辺の長さ$6\sqrt{2}$cmの正三角形だから、

高さは$6\sqrt{2}\times\frac{\sqrt{3}}{2}=3\sqrt{6}$cmより、

△BDE＝$\frac{1}{2}\times6\sqrt{2}\times3\sqrt{6}=18\sqrt{3}$（$cm^2$）

よって、AI＝$h$とすると、

(2)より、$\frac{1}{3}\times18\sqrt{3}\times h=36$が成り立つ。

これを解いて、$h=2\sqrt{3}$cm

線分IEと円Iとの交点をPとすると、AP＝4cmだから、△APIで三平方の定理より、

IP＝$\sqrt{AP^2-AI^2}=\sqrt{4^2-(2\sqrt{3})^2}=$**2**（cm）

円錐や球などの回転体については、その体積、表面積を求める公式を正確に覚え、それを使いこなす練習をすることがまず必要です。さらに立体の問題では、相似と三平方の定理が大いに活躍します。

これらの定理を正しく使うためにも、手早く適切な図を書けることが大切です。図を書く手間を惜しんで勘違いや思い込みによるミスを犯すことのないようにしましょう。

# 数学

# 楽しみmath 数学！DX

## 相似や三平方の定理を使う円錐や球の応用問題

登木 隆司先生

早稲田アカデミー　城北ブロック ブロック長
兼 池袋校校長

今月は、円錐や球の問題について学習していきます。

はじめは、平面図形を回転させたときにできる立体の体積を求める問題です。

**問題１**

平面上に１辺の長さが2cmの正三角形ABCと直線$l$がある。直線$l$は点Cを通り，BCに垂直である。このとき，$l$を軸として△ABCを１回転させたときにできる回転体の体積を求めなさい。（筑波大学附属）

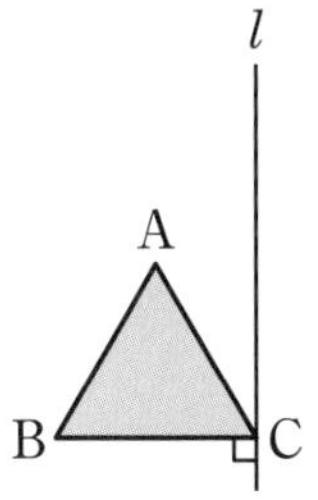


**<考え方>**

できる回転体は、右図のようになりますから、大小の円錐の差として体積を求めることができます。

**<解き方>**

右図において、△DBCは30°、60°の角をもつ直角三角形だから、

DC＝$\sqrt{3}$BC＝2$\sqrt{3}$(cm)

また、AE＝1cm、

DE＝EC＝$\sqrt{3}$cm

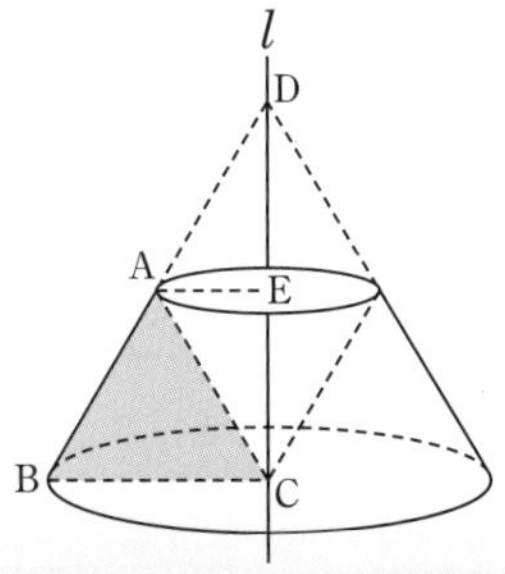


これらより、回転体の体積は、底面の半径2cm、高さ2$\sqrt{3}$cmの円錐から、底面の半径1cm、高さ$\sqrt{3}$cmの円錐を2つ引くことによって求められるので、

$\frac{1}{3}\times\pi\times2^2\times2\sqrt{3}-\frac{1}{3}\times\pi\times1^2\times\sqrt{3}\times2=\mathbf{2\sqrt{3}\pi}$(cm$^3$)

続いては、円錐の側面に球が内接する問題を見ていきます。

**問題２**

図１のように，円錐《えんすい》の容器の内側の面にぴったりつくように球を入れました。この円錐の容器の底面の半径は4cm，母線の長さは12cmです。このとき，この円錐の容器の頂点から球の最上部までの高さは，母線の長さと等しく12cmになりました。図２は，そのときの様子を表しています。この球の体積を求めなさい。

図１

図２

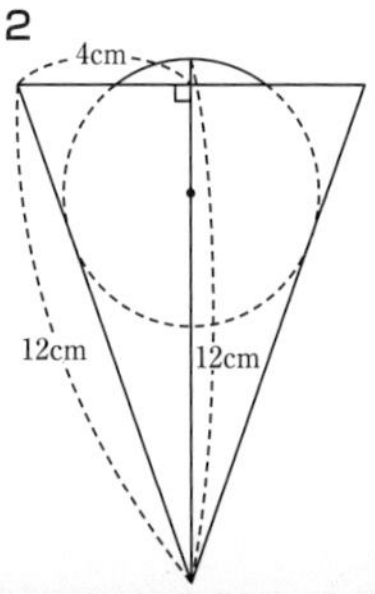


ただし，円周率は$\pi$と

# 英語で話そう！

**川村 宏一先生**
早稲田アカデミー　教務部中学課
上席専門職

朝がちょっぴり苦手な中学３年生のサマンサは、父（マイケル）と母（ローズ）、弟（ダニエル）との４人家族。

今日はマイケル、ローズ、ダニエルの３人は外出中。サマンサは１人留守番をしています。そこに、電話がかかってきました…。

2月某日

Samantha：Hello.
サマンサ　：もしもし。

Bob　　　：Hello. This is Bob Brown at ABC Company.
May I speak to your father? …①
ボブ　　　：もしもし。ABCカンパニーのボブ・ブラウンと申します。
お父さんはいますか？

Samantha：He is out now. He'll be back within an hour. …②
Would you like to leave a message? …③
サマンサ　：父はいまいません。１時間以内に戻ります。
ご伝言はありますか。

Bob　　　：No, thank you.  I'll call you later.
ボブ　　　：大丈夫です。
またあとでかけ直します。

### 今回学習するフレーズ

| | |
|---|---|
| 解説①　May I speak to ～ | （電話の相手に）「●●いますか」、と相手に尋ねる表現<br>「～さんいますか（私は～さんと話せますか）」 |
| 解説②　within ～ | 「～以内に」<br>(ex) I will answer within three days.<br>「３日以内に返事します」 |
| 解説③　（電話の相手に）「伝言はありますか」と相手に尋ねる表現 | (ex) Can I take your message?<br>「あなたのメッセージをもらってもいいですか」<br>(ex)Would you leave a message?<br>「あなたはメッセージを残しますか」 |

*Bungou Retsuden*

# 古今文豪列伝

第4回

## 谷《たに》崎《ざき》潤《じゅん》一《いち》郎《ろう》

*Jyunichiro Tanizaki*

谷崎潤一郎は、明治末期から昭和中期まで活躍した作家だ。

1886年（明治19年）、東京・日本橋に生まれた。小学校から成績抜群で、家庭が貧しかったため、中学進学が危ぶまれたけど、教師らの斡旋《あっせん》で、住み込みの家庭教師をしながら府立一中（現都立日比谷高）に通い、さらに旧制一高（現東京大教養学部）に進んだんだ。

このころから文学作品を発表し始め、東京大国文科に進学後、第2次『新思潮』の創刊に参加、『刺青《しせい》』『麒麟《きりん》』を発表した。

1911年（明治44年）に雑誌『スバル』に発表した『少年』が永井荷風の絶賛を得て、反自然主義文学のエースのように思われた。

その後、学費未納で東京大を退学、そのまま作家の道を歩み始めたんだ。

大正時代はモダンな作品が多かったけど、1923年（大正12年）の関東大震災で自宅が類焼したこともあって、関西に移り住み、翌年には長編『痴人《ちじん》の愛』を発表した。

この作品は奔放な生活の女性と、彼女にひれ伏し、翻弄《ほんろう》される男性の姿を描いて、大きな反響を呼び、大正時代の世俗を象徴した作品といわれた。『蓼食《たでく》う虫』『卍《まんじ》』『春琴抄《しゅんきんしょう》』など、こうした傾向の作品を次々と発表していった。

私生活では作家、佐藤春夫と夫人を交換したり、2度の結婚、離婚など、スキャンダラスな話題にも事欠かなかった。

この間、『源氏物語』の現代語訳に挑戦、1938年（昭和13年）に完成させ、作品は『谷崎源氏』といわれた。

1948年（昭和23年）には戦前から書き継いでいた、松子夫人の姉妹をモデルとした『細雪《ささめゆき》』が完成した。

さらに、『少将滋幹《しょうしょうしげもと》の母』『瘋癲《ふうてん》老人日記』『陰翳礼賛《いんえいらいさん》』などを発表した。

1949年（昭和24年）に文化勲章を受章。ノーベル文学賞候補にも複数回あがったという。

1965年（昭和40年）、心不全で死去、79歳だった。

同年、谷崎を称えた谷崎潤一郎賞が設けられたんだ。

谷崎は風俗的なもの、ユーモア的なもの、高度な純文学的なものなどを書き分けた。このため、「大谷崎」などとも呼ばれ、作家の仲間でも、特別な存在とされた。作品のいくつかは、映画やテレビドラマにもなったんだよ。

### 今月の名作　～谷崎潤一郎　『細雪《ささめゆき》』～

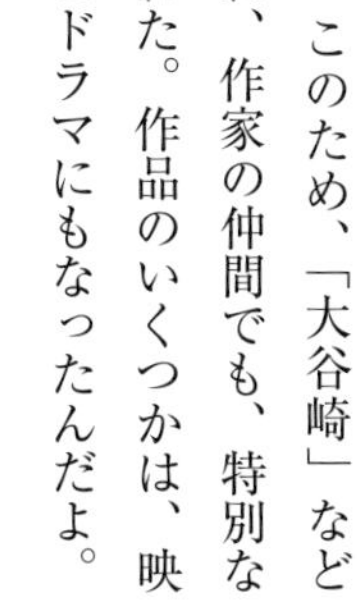


『細雪』
1,095円＋税
中公文庫

兵庫県の芦屋に住む大阪の没落商家の四姉妹の生き方を描いた作品。内気だが芯の強い三女、行動的で奔放な四女、四女のトラブルを処理する二女らが、戦争、災害などに巻き込まれながら、それぞれの人生を生きていく。

# みんなの数学広場

TEXT BY かずはじめ

数学を子どもたちに、楽しく、わかりやすく、使ってもらえるように日夜研究している。好きな言葉は、"笑う門には福来る"。

初級～上級までの各問題に生徒たちが答えています。
どの生徒が正しい答えを言っているか当ててみよう。
もちろん、当てずっぽうじゃなく、実際に問題を解いてみてね。

## 問題編

答えは次のページ

### 上級

金の箱には赤玉が2個、白玉が3個入っています。

銀の箱には赤玉が3個、白玉が3個入っています。

銅の箱には赤玉が4個、白玉が3個入っています。

まず、金または銀または銅の箱を選び、その箱から1個の玉を取り出したところ赤玉でした。このとき、選んだ箱が金の箱であった確率は？

**A** 答えは･･･ $\frac{1}{3}$ 3つの箱から選ぶんだから。

**B** 答えは･･･ $\frac{2}{15}$ 金を選んでから赤玉が出るから $\frac{1}{3}\times\frac{2}{5}$ だよ。

**C** 答えは･･･ $\frac{28}{103}$ まず初めに金と銀と銅から選ぶことを忘れてない？

## 中級

ノーベル賞には数学部門がありません。そのかわりに、「数学のノーベル賞」と言われている「フィールズ賞」という賞があります。これまでにフィールズ賞を受賞した日本人について、3人のなかで正しいことを言っているのはだれでしょうか。

**A** 答えは・・・ **代数幾何学の小平邦彦さんが受賞しています。**

**B** 答えは・・・ **和算の関孝和さんが受賞しています。**

**C** 答えは・・・ **テレビにも出演している秋山仁さんが受賞しています。**

## 初級

0＞2、2＞5、5＝5　が成り立っています。

では、0□5の□のなかにはなにが入りますか？

あまり難しく考えないでくださいね。

**A** 答えは・・・ ＞ 0が強い！

**B** 答えは・・・ ＜ 5の方が強いもんね。

**C** 答えは・・・ ＝ 0は足しても引いても変わらないから。

## 上級

正解は 答え C

これは、高校１年生で扱う「条件付き確率」と言います。

本文の「まず金または銀または銅の箱を選び」とあります。

その時点で$\frac{1}{3}$の確率が発生します。

そこから赤玉を１個取り出します。

すると…

金の箱を選んで赤玉が出る確率は、$\frac{1}{3}\times\frac{2}{5}=\frac{2}{15}$

銀の箱を選んで赤玉が出る確率は、$\frac{1}{3}\times\frac{3}{6}=\frac{1}{6}$

銅の箱を選んで赤玉が出る確率は、$\frac{1}{3}\times\frac{4}{7}=\frac{4}{21}$

つまり、合計$\frac{2}{15}+\frac{1}{6}+\frac{4}{21}=\frac{103}{210}$の確率で、箱を選んだあとに赤玉が１個取り出されます。

その条件のもとに金の箱である確率ですから、

$$\frac{\frac{2}{15}}{\frac{103}{210}}=\frac{2}{15}\div\frac{103}{210}=\frac{28}{103}$$

が、求める確率です。

よく考えれば、中学生の知識でも十分にできますね。

A ×

あまりに単純じゃない？

B ×

これだと金の箱の確率だけだよ。

C 正解

## 中級

正解は　答え A

フィールズ賞は、1936 年にカナダの数学者ジョン・チャールズ・フィールズさんの提唱により作られた賞です。小平邦彦さんは、1954 年に日本人として初めてフィールズ賞を受賞しています。これまでに日本人の受賞者は合計で３人います。

A

正解

B

×

すごい人だけど、江戸時代だから…。

C

×

一般的には有名だけどね。

## 初級

正解は　答え B

０、２、５がなにをさしているかというと…これは、じゃんけんの指の数です。

０…グー

２…チョキ

５…パー

だから…難しい解説は不要ですね。

A

×

パッと見だとそう思えるね。

B

正解

C

×

そう言いたくなるのもわかるけれども。

# 本格的な実験装置のもと研究生活の楽しさを体感しています

## 早稲田大学

基幹理工学部
機械科学・航空学科3年

**服部《はっとり》 弘憲《ひろのり》さん**

### 高校生のころの勉強が現在役に立っています

**——早稲田大をめざした理由はなんですか。**

「通っていた高校は理系に進む人が多かったので、自然と理系に進むことを決めていました。理系の方が自分の性格にも合っていましたし、就職も有利なイメージがありました。

　理系のさまざまな学部のなかでも、都内にある航空関係のことを学べる大学を探していました。飛行機が好きでしたし、東京の生活に憧れていたんです。この2つを兼ね備えているのが、早稲田大の基幹理工学部機械科学・航空学科でした。」

**——これまでの講義について教えてください。**

「2年生のときは必修科目も多いうえに、学科ならではの専門的な講義や実験が増えたので大変でした。『機械科学・航空実験』では、毎週、実験のレポートを30枚ほど書かなければなりませんでした。また、『機械科学・航空製図法』でも、手書きで、ときにはパソコンの製図ソフトを使って、図面を書く課題が毎週出されていました。日々の勉強や課題に追われて、休むひまもないほど忙しか

#### 高校受験エピソード

**先生になんでも質問する**

　中学生のころ、どれだけ勉強してもなかなかテストの点数があがらなかった時期があり、そのとき、だれかに聞くことで、理解できる部分が増えることに気づきました。それからはわからないところがあった場合、すぐに先生に聞くことを心がけていました。

#### 苦手科目の勉強法

**まとめノート作りが大切**

　苦手な社会科は教科書に線を引きながら読んだり、歴史は前後の流れを押さえるようにしたりと工夫をしていました。なによりも力を入れていたのは、まとめノートを作ることです。大事だと思うところをノートにまとめることで、内容が整理されますし、復習するときにもすぐに見返すことができます。まとめノート作りは社会科に限らずほかの教科でもやるようにしていました。

#### 大学生活エトセトラ

**西早稲田キャンパスの特徴**

　早稲田大の理系3学部が集まっている西早稲田キャンパスは、実験装置が多くあり、キャンパス内のいたるところに配管が並んでいて、そこから煙が出ている様子が日常的です。そういうのを見ると理系のキャンパスだなと感じます。

服部さんの班が使用しているヒートポンプの実験装置

充実した設備のもとで研究活動をしています

ったのですが、そのぶん、とても充実した日々を送っていました。

これまでの講義で1番興味深かったのは『制御工学』です。例えば、車が段差などをあがったときの車体の振動を数式を用いて表し、その振動をいかに早く減衰させるにはどうしたらいいか、などを扱っています。このように、身のまわりの現象を人為的に制御するという学問です。普段の生活で身近に体験していることを数式を用いて証明できるのがおもしろかったですし、高校生のころは受験のために勉強していると思っていた数学や物理の勉強が、大学での学びに結びついていることを実感できたので印象深い講義でした。」

**――現在どんな勉強をしていますか。**

「研究室での活動が本格的に始まるのは4年生からですが、3年生のうちに研究生活を先取りして体験するために、『ゼミナール』という科目が3年次の必修科目に設定されています。先輩の手伝いを通じて研究の流れをつかめますし、レポートの提出やパワーポイントを使って発表を行うことで、卒業論文の作成にも役立つスキルを学べています。

所属する『エネルギーシステムの最適化・自律移動体制御』に関する研究室では、2～6人ずつの班に分かれ、班ごとにさまざまな研究を進めています。私のいる班は、ヒートポンプという装置を使っての実験やシミュレーションなどを行っています。ヒートポンプとは、空気中から集めた熱を暖房などに利用する装置で、石油などの燃料を使った暖房器具よりも二酸化炭素の排出量が少ない点が特徴です。企業との共同研究という形で進めているので、最終的には、より効率よく熱を取り出すための装置の改善点などを企業に提案するそうです。

4年生から配属になる班は、これから決まります。どの班の活動も大変そうですが、魅力的な研究を行っている班ばかりなのでいまから楽しみです。」

**――今後のことを教えてください。**

「就職する人よりも大学院に進学する人の方が多い学科ですし、先輩たちの話を聞き、大学院での研究活動に魅力を感じるようになったので、大学院に進学すると思います。

就職についてはまだ具体的に考えていませんが、人とコミュニケーションをとるのが好きなので、人の役に立っているということを実感できる職種に就けたらいいですね。」

## 受験生へのメッセージ

### 楽しくフットサル

3年生の夏に引退するまでフットサルサークルに入っていました。軽く運動するつもりでも、いざやり始めると、結構みんな真剣になってしまい、よくケガもしましたが、いつも楽しく活動していましたね。

いまは研究室のメンバーでフットサルやサッカーをしています。私たちの研究室は、ほかの研究室がある西早稲田キャンパスではなく、喜久井町キャンパスにあるのですが、研究室の近くにグラウンドがあるので、そこで楽しみながら身体を動かしています。先輩たちともコミュニケーションがとれるいい機会ですね。

### ひたむきに努力し続ける

通っていた中学校のスローガンである「ひたむき」という言葉を座右の銘にしているので、みなさんにも勉強をひたむきに、がむしゃらに頑張ってほしいなと思います。ひたむきに頑張り続けていれば、自分を支えてくれる家族や友だちの大切さに気づき、その周りの存在が自信へとつながります。そして、結果もおのずとついてきて、達成感や充実感も味わうことができるはずです。

## 教えてマナビー先生！
# 世界の先端技術

▶マナビー先生

日本の某大学院を卒業後海外で研究者として働いていたが、和食が恋しくなり帰国。しかし科学に関する本を読んでいると食事をすることすら忘れてしまうという、自他ともに認める“科学オタク”。

search

## 鳥ロボット

### 鳥による被害を防ぐ偽の天敵 はばたく姿は本物そっくり

朝、ゴミを出す場所に行くと、どこでもネットがかけてあるよね。これはカラスなどがゴミを食い散らかすのを予防するためだ。

また、空港では、バードストライクといってジェット機のエンジンに鳥が飛び込む事故に悩まされている。

こんな鳥による被害を少しでも減らそうと、オランダの会社が開発したのが、今回紹介する鳥ロボットだ。

鳥に似せたロボットなのでRobird（ロバード）と名づけられている。その姿、飛び方は、まるで本物そっくり。はばたきながら空を飛び回ることができるんだ。

ハヤブサに似せて彩色された鳥ロボット。空中を旋回させると、他の鳥が逃げ出してしまうことが確認されている

鳥による被害が大きい場所では、猛禽《もうきん》類のハヤブサやワシの姿に似せて彩色を施した鳥ロボットを、リモートコントロールで飛ばし、上空で待機するように旋回させる。

すると、ハヤブサやワシが自分たちを狙っていると警戒した鳥たちは、天敵に襲われるのでは、と慌てて逃げ出し、その場からいなくなってしまうというわけだ。自然界の成り立ちをうまく利用したすばらしいアイデアだね。

この鳥ロボット、飛行機ではないので、滑走路などは必要ない。その場で人間の手から紙飛行機を飛ばすように空中に投げあげれば、そのまま離陸し、プログラミングしておいた軌道で旋回してくれる。着陸も、人間の手元に向かってはばたきながらゆっくりと降りてくるので手で受け止めればいいんだ。その操縦もスマートフォンでできるようになるという。

カメラを搭載させれば、これまでの航空撮影ではできなかった低高度からでも、手軽にゆっくりとした映像を得ることができるようになるのもメリットの１つだ。

鳥のように空を飛べたらなぁ、という人間の欲求をかなえようと、昔からたくさんの技術者が挑戦してきた。あのレオナルド・ダ・ヴィンチも挑戦したけれどうまくいかなかったんだ。

近年、人工の鳥が開発できるようになったのは、カーボンファイバーのような強くて軽い素材が作り出されたことが大きい。軽い構造体ができ、鳥の動きの研究も進んで、羽の動きや、形、制御がうまくいくようになったからなんだ。

いやはや、技術の進歩ってすごい。いつの日か、ダ・ヴィンチが夢見た、人が乗れる鳥ロボットだって作ることができるかもしれないね。

ミステリーハンターQの
歴男歴女養成講座
ミステリーハンターQ（略してMQ）
米テキサス州出身。某有名エジプト学者の弟子。1980年代より気鋭の考古学者として注目されつつあるが本名はだれも知らない。日本の歴史について探る画期的な著書『歴史を掘る』の発刊準備を進めている。
春日 静
中学1年生。カバンのなかにはつねに、読みかけの歴史小説が入っている根っからの歴女。あこがれは坂本龍馬。特技は年号の暗記のための語呂合わせを作ること。好きな芸能人は福山雅治。
山本 勇
中学3年生。幼稚園のころにテレビの大河ドラマを見て、歴史にはまる。将来は大河ドラマに出たいと思っている。あこがれは織田信長。最近のマイブームは仏像鑑賞。好きな芸能人はみうらじゅん。

# 一向一揆

## 京都にはなぜ2つの本願寺があるのか、わかるかな？ 理由は、戦国時代に多くの大名を悩ませた一向一揆にあった！

**勇** 戦国時代は一向一揆《いっこういっき》が各地で起こったんだってね。

**MQ** そうだよ。なかでも、加賀の一向一揆は有名だね。

**静** 一向一揆ってなあに？

**MQ** 15世紀後半から16世紀末にかけて起こった本願寺門徒による一揆のことだ。本願寺は親鸞《しんらん》が創始した浄土真宗の寺で、浄土真宗は別名を一向宗といったんだ。

**勇** 一向宗の門徒がどうして一揆を起こすことになったの？

**MQ** 本願寺8世の蓮如《れんにょ》のころから、一向宗は、地元の有力武士団や地侍、名主らを中心とした教団を組織し、領国の強化を図る守護大名らと対立するようになったんだ。

**静** それじゃ、武力衝突になったのね。

**MQ** 近畿、東海、北陸の各地で守護大名と本格的な戦闘が行われた。門徒側には国人《こくじん》と呼ばれる豪族的な武士もいたから、対等に戦う力があったんだね。

**静** 最初の一揆はいつ、どこで起こったの？

**MQ** 1466年（文正元年）の近江・金森合戦とされている。1488年（長享2年）に加賀国で起こった一向一揆では、守護大名の富樫氏を倒し、その後、90年間にわたって、門徒による自治が行われたんだ。

**勇** 90年間も!? 加賀国以外ではどうだったの？

**MQ** 1480年（文明12年）の越中の一揆、1563年（永禄6年）の三河国一揆が有名だ。三河の一揆では徳川家康がかなり悩まされている。

**静** 一向一揆はどのようにして収束したの？

**MQ** 本願寺11世の顕如《けんにょ》が、大阪の石山本願寺を本拠にして織田信長と10年間にわたって戦い、1580年（天正8年）、ついに降伏したんだ。2年後に織田信長が本能寺の変で殺されると、豊臣秀吉が実権を握り、石山本願寺は壊されて、その跡に大阪城が建てられた。さらに徳川家康は、一向宗の勢力を分断することを考え、本願寺の内紛もあって、京都に東本願寺と西本願寺の2つの本願寺を建てることによって、その力を削《そ》いだんだ。以後、江戸時代は平穏に推移したんだよ。東本願寺を大谷派、西本願寺を本願寺派といい、全国各地にある本願寺はどちらかの派に属しているんだ。

現在、京都に2つの本願寺があるのは、もとをたどれば一向一揆があったからなんだね。

南無
南無阿

# あれも日本語 これも日本語

## 「魚」にちなむ慣用句 下

前回に引き続き、魚にちなむ慣用句だ。

「鯖《さば》を読む」は数字を自分の都合のいいようにごまかすことだ。サバは腐りやすいため、市場で数を数えるときに早口で数えた。そのため数字に間違いが多かったことからきているといわれる。「国語何点だった?」「100点だよ」「ウソだろ、鯖を読むなよ」なんて感じかな。

「鯖の生き腐れ」。サバは腐りやすい魚のため、釣りあげた瞬間から、腐り始めるという意味だが、実際には生きているのに腐ることはない。生で食べるには注意が必要だということだ。

「ウナギの寝床」。ウナギは長い魚。そこから間口が狭く、奥行きが長い建物をさすようになった。

「磯のアワビの片思い」。アワビは二枚貝ではないので貝が片方しかないように見えることから、片方と片思いをかけて作られた言葉。万葉集にも出てくるんだ。「ボクは彼女に、磯のアワビの片思いなんだ」なんていうとしゃれてるね。

「トドのつまり」。トドはボラのことだ。ボラは成長するにしたがって、ハク、オボコ、スバシリ、イナ、ボラ、トドなどと名前を変える出世魚。最後がトドなので、物事の行き着く先のことをいう。ほかの出世魚ではブリがある。ブリはイナダ、ハマチ、ブリなどと変化する。呼び名は地方によって異なるよ。

「鯨飲《げいいん》馬《ば》食《しょく》」。文字通り、クジラのように飲み、ウマのように食べることだ。通常、飲むとは酒を飲むことをさすから、大酒を飲んで、食べまくることだ。

「鯉口《こいくち》を切る」は刀を収める鞘《さや》の収める部分がコイの口の形に似ていることから、いつでも刀を抜ける状態にしておくことだ。そこから、いつでも戦える態勢でいることをいう。

「まな板の鯉《こい》」。まな板に乗せられたコイは、あがきようがないことから、絶体絶命の状態をいう。「明日から試験だけど、なにも準備してない。まな板の鯉だ」なんてことにならないように。

「金魚の糞《ふん》」。キンギョのフンは、身体に長くくっついていることから、いつもだれかにくっついている人をからかっていう言葉だ。いい意味では使われないね。

サクニュー！ ニュースを入手しろ!!

# SUCCESS News

産経新聞編集委員 大野敏明

## 今月のキーワード

## 北陸新幹線

東京と金沢を結ぶ北陸新幹線が３月14日に開業します。新たな新幹線の開業は2011年（平成23年）の九州新幹線以来です。これまで、鉄道で東京から金沢に行くには、上越新幹線で越後湯沢に行き、ほくほく線（北越急行）に乗り換える方法が一番早く、約３時間50分かかっていました。北陸新幹線が開業すると、東京―金沢間は約２時間半で結ばれることになり、約１時間20分短縮されます。

北陸新幹線は東京から高崎を経て長野を経由し、富山を通って金沢までを結びますが、東京―長野間は長野新幹線として、すでに1997年（平成９年）に開業しています。今回は長野より先の区間が完成したわけです。長野―金沢間は約228㎞、総工費は約１兆7800億円でした。

長野から先の駅は飯山、上越妙高、糸魚川、黒部宇奈月温泉、富山、新高岡、金沢です。最高時速は260㎞で、気になる料金は、大人で運賃が7340円、通常期普通指定席の特急料金が6780円、合計１万4120円です。

東京から金沢までの間、上野、大宮、長野、富山しか止らない最速の「かがやき」は１日10往復、停車駅の多い「はくたか」は同じく14往復、長野―金沢間運行の「はくたか」は１往復、富山―金沢間を走る「つるぎ」は同じく18往復、東京―長野間の「あさま」は同じく16往復が予定されています。

金沢より先については、福井県の敦賀までの延長が予定されています。開業予定は当初、2025年ごろでしたが、前倒しされることになりそうです。敦賀から大阪までは、コースや開業時期はまだ決まっていませんが、開通すれば、東京―新大阪が新幹線によって輪のように結ばれることになります。輪になることによって、東海大地震などが起こって東海道新幹線が打撃を受けた場合、その代替交通機関として関東と関西をつなぐことが期待されています。

⬆PHOTO
金沢駅に姿を見せた北陸新幹線新型車両の「W７系」
（2014年８月５日、金沢市）写真：時事

北陸新幹線の開業に伴って、金沢はもちろん、沿線の各県、市町村は盛りだくさんのイベントを用意しています。これまで関西との結びつきが強かった石川、富山両県は、東京などの関東からの観光客の誘致に取り組んでいますし、長野県も北陸からの観光客の誘致に積極的です。

このように北陸新幹線の開業は、安倍内閣が提唱している「地方創生」にも大きな弾みがつくものと期待されています。みなさんも一度乗ってみてはいかがですか。

# あたまをよくする健康

ナースでありママであり
いつも元気なFUMIYOが
みなさんを元気にします！

by FUMIYO

今月のテーマ

## じんましん

ハロー！　Fumiyoです。みなさんは、急に身体がかゆくなったことはありますか？　かいちゃダメだとわかっているのに、いつの間にかかゆいところに指先がいっている…という経験をしたことがある人もいるでしょう。そのとき、皮膚《ひふ》のうえに赤みを帯びたミミズ腫れのようなものや、膨らんで地図のように見えるものができたこともあるのでは？　それが「じんましん（蕁麻疹）」です。症状が出ると、かゆみのことで頭がいっぱいになってしまうじんましんとは、いったいどんな病気なのでしょうか。

じんましんとは、皮膚に膨疹《ぼうしん》と呼ばれる膨らみが急に生じ、しばらくすると跡形もなく消えてしまう病気です。この膨疹は１～２mmと小さいものから、10cmを超える大きいサイズのものもあり、チクチクとしたかゆみを感じる人もいれば、焼けつくような痛みを感じる人もいます。症状は数分～数時間で落ち着くことが多いのですが、半日～１日と、症状が長く続く人もいます。

じんましんを引き起こす原因はアレルギー性のものと、非アレルギー性のものに分けられます。

アレルギー性の場合は、魚介類・肉類・卵・乳製品・野菜・食品添加物などの食べもの、ゴム・ハチ・ムカデなどの植物や昆虫、抗生物質・解熱鎮痛剤・咳止めなどの薬剤などによる影響が考えられます。

非アレルギー性の例としては、衣類による摩擦《まさつ》、バッグなどの持ち手による圧迫や、気温差による刺激、日光などから受ける光線刺激、マッサージ器などの振動による刺激などがあります。

アレルギー性のじんましんが疑われる場合は、病院を受診して、適切な治療をしてもらいましょう。

非アレルギー性のじんましんは、原因となるものをなるべく遠ざけるようにしましょう。摩擦や圧迫によるじんましんの場合は、衣類の摩擦を最小限にし、バックなどを持つときも１箇所だけに圧力がかからないよう気をつけます。気温の差で起こるじんましんを防ぐためには、外気温との差をなるべく少なくしましょう。

そして、じんましんは原因がわからない状態で出てきてしまう場合もあるため、普段の生活からさまざまなことを心がけ、じんましんが出にくい身体を作ることが大切です。そのための具体的な対策をご紹介します。

まずは生活習慣を見直し、生活リズムを整えましょう。そうすることで、どの時間帯にじんましんが出やすいのか？　じんましんが出るきっかけになる習慣があるのか？…などもわかりやすくなります。

また、睡眠をしっかりとることも重要です。睡眠不足で体調が優れないと、じんましんが出やすくなってしまいます。

さらに、腸内環境をよくすることは、皮膚の代謝を促すことにつながると言われています。便秘にならないためにも、適度な運動を心がけましょう。

最後に、みなさんは受験勉強などを通してストレスを感じることも多いと思いますが、ストレスは、じんましんの症状を悪化させてしまう原因にもなりかねません。ストレスをなくすことはなかなか難しいでしょうが、上手に息抜きをして、気分をリフレッシュさせながら、ストレスを溜めない生活をめざしてみてください。

### Q１

**じんましんの名前の由来は、植物のどの部分に触れて腫れた状態に似ているからでしょう。**

①花　②葉や茎　③根

**正解は②葉や茎です。**
イラクサ（蕁麻）という植物の葉や茎に触れると、かゆみを伴う腫れが見られます。その様子が似ているため、じんましんと呼ばれるようになったそうです。

### Q２

**急にじんましん（アレルギー症状）が出てくる症状のことをなんというでしょう。**

①アレルゲンショック
②タイムショック
③アナフィラキシーショック

**正解は③のアナフィラキシーショックです。**
発症後全身に急激に症状が出てくる反応です。生命を脅かすほどの重篤な状態になることもあります。

# 母を失った少女とネコに化けた河童の交流

『かはたれ 散在ガ池の河童猫』
著／朽木 祥
価格／1500円＋税
刊行／福音館書店

## 今月の1冊 『かはたれ 散在ガ池の河童猫』

舞台は鎌倉。その人里に近い山中に「散在ガ池《さんざいがいけ》」と呼ばれているいくつかの池や沼がある。じつはそこに河童族《かっぱ》の生き残りたちが住んでおり、彼らは人目を避けながら暮らしていた。

そんな散在ガ池の近くにも徐々に家が立つようになり、河童たちはますます暮らす場所に困るようになっていた。そうした状況のなか、「八寸《はっすん》」と呼ばれる（人間の年齢でいえば）8歳になったばかりの河童が、長老から人間の世界で修行を積むように言われる。身近で人間を観察し、その目から姿を隠して生きていくためのすべを学ぶためだ。

もちろんそのままでは姿がバレてしまうので、ネコに姿を変えた八寸は、あるきっかけから麻《あさ》という名前の少女の家で飼われることになった。

麻は母親をなくしたばかりで心に大きなキズを負っている少女で、彼女は偶然世話をすることになったネコ（八寸）をとてもかわいがり、そして癒される。しかしある日、彼女が八寸を洗ってあげたことで、なんと八寸はもとの河童の姿に戻ってしまったのだ。

さて、女の子と河童の関係は果たしてどうなってしまうのだろうか。

ひとりぼっちで人間の世界に行かなければならなかった八寸と、大切な母親を失った麻。

とくに、麻に「美しいもの」をたくさん教えてくれた母親がいなくなってしまったことは、その後、花を見ても、その美しさを感じているのが自分なのかどうかもわからなくなってしまうぐらい、彼女にとってはとても大きな出来事だった。

そんな麻と八寸との交流が、彼女の心にどんな変化をもたらすのか。読むほどに話に引き込まれていくことだろう。

山内ふじ江さんの挿絵も、物語の雰囲気作りにひと役買っている。

また、傷ついた人が周りにいるとき、自分だったらどうするだろう、そんなことも考えながら読んでみると、また違った感想を抱くかもしれない。続編として、『かはたれ』から4年後を描いた『たそかれ』も出版されている。

# なんとなく得した気分になる話

生徒　先生

身の回りにある、知っていると
勉強の役に立つかもしれない知識をお届け!!

## 高校数学って…

先生！　高校時代の勉強楽しかった？

なにを急に…。

高校の勉強って難しいんでしょ？

中学よりは難しい気もするけど、中学の方が難しい分野もある気がするなあ。

例えば？

うーん。中学数学は計算が多いけれど、高校数学は計算が文字を含むものばかりだから、文字を含む方が楽な気がする。それから、中学では三角形の合同や相似の証明をするけれど、高校ではほとんど図形の証明は中学のときの方法と違ってベクトルという分野を使うから証明がしやすいと思うよ。

ベクトル？

そう。ベクトル。

それなに??

ベクトルとは、VECTORと書くんだ。

余計にわからない。

まあ、最後まで聞いてほしい。VECTORの後ろの2文字のORは人を表してるんだよ。例えば、そう！　PLAYERはPLAYの後ろがERだけど、ACTORはTの後ろだからORにするのと同じだ。

先生、英語もできるの？

バカにしないでくれ！　一応、大学には行ったからね（笑）。さて、話を戻して、VECTはラテン語で「運ぶ」という意味なんだ。だから、直訳するとベクトルは「運ぶ人」ということになる。さらにものを運ぶには、あるところから別の方向に運ぶわけだから、ベクトルはその「方角」や「方向」という意味になって、数学の用語としても登場してきたというわけなんだ。高校では、図形の問題を扱うときに、このベクトルをよく使うことになる。でも、難しそうに見えて意外に簡単なんだよ。だから、中学の図形の証明の方が高校のベクトルに比べて難しいんだ。

でもやっぱり高校数学は難しいような。なんとなく英語の用語が多い気がするし。

まあ、英語は数学でも必要になるからね。

数学で英語??

まだ君にとっては先のことだけど、大学時代は数学の授業も英語を使ったし、論文も英語で書かされた。そういえば、数学のテスト問題も英語で書いてあったよ。さらには、数学英和和英辞典なんてのもある。

ホント、英語だらけだね。どうして？

大学で使う数学の教科書のなかには、英文のものもあるんだ。さらに大学院に進学すれば、学問は数学に限らず、国際学会に行くこともあるからすべて英文だ。ようするに、数学を世界共通言語で、世界の人たちとともに勉強するわけ。

じゃあ、いま、英語で数学を話してよ。

相変わらず唐突だな。どうせ、君にはわからないだろ？

わかんなくていいから、英語で数学を話してよ。

…できない（苦笑）。使っているころはできたけど、いまは使ってないからなあ。勉強はなんでもそうだけど、使っているうちはできるもの。使わなくなると、たちまちできなくなる。なんだか悲しい…。

いまからでも遅くないから、先生も英語で数学を勉強しようよ！

そうだな…って、君に言われたくないよ（笑）。話を戻すけど、高校の数学は中学と違って、色々な見方をするから楽しいぞ！

でも英語が大事なんでしょ？　だったら英語で数学を話すだけじゃなくて、英語を数学で話せばいいんじゃない？

数式では言語のようにコミュニケーションはとれないよ。君、数学の意味を間違えてない？

だってぼくは「高校の勉強」について聞いたのに、先生が勝手に高校数学の話をしたんだよ。

そうだったな。じゃあ、結論だ。高校の勉強は君には難しい！

聞くんじゃなかった…。

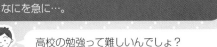

サクセスシネマ

# SUCCESS CINEMA vol.61

# 恋がしたくなる映画

## 君に届け

**2010年／日本**
**監督:熊澤尚人**

Blu-ray&DVD発売中
5,800円+税
発売元:バップ


### 高校生のピュアな恋愛

泣いて笑って恋をする、そんな高校生の青春の１ページを描いたラブストーリー。原作は椎名軽穂の少女漫画です。

主人公の黒沼爽子《さわこ》は高校１年生。見た目の暗さに加え、口数が少なく、人前では緊張して笑顔もこわばってしまうということから、クラスメイトに敬遠され、クラスで浮いた存在になっていました。

しかし、そんな爽子に１人だけ明るく話しかけてくれるクラスメイトがいました。だれに対しても分け隔てなく接する風早翔太です。彼は見た目で判断することなく、優しくいつも一生懸命という爽子本来の性格に気づいており、彼女に特別な感情を抱いていたのです。さぁ、翔太の想いは爽子に伝わるのでしょうか。

本当の自分を理解してくれる人がそばにいるって素敵ですよね。翔太に助けられながら、クラスに溶け込もうと少しずつ成長していく爽子の姿は健気でいじらしく、応援せずにはいられません。また、それを見守る翔太の姿に心が温まります。高校生のピュアな恋心と成長していく姿に、中学生のみなさんもきっと共感できるはず！

## ニューヨークの恋人

**2002年／アメリカ**
**監督:ジェームズ・マンゴールド**

Blu-ray発売中
2,381円+税
発売元:ワーナーホームビデオ

### 時代を超えた異色の恋愛物語

現代の女性と18世紀の貴族という違う時代を生きる２人の出会いを描いたロマンティックな物語。

ケイトは仕事一筋のキャリアウーマン。彼女は、ある日、忘れものを取りに元恋人の部屋を訪れます。するとそこには貴族の格好をし、自らを公爵と名乗るレオポルドがいました。なんでも、ケイトの元恋人が見つけた時間の切れ目を通って、タイムスリップしてきたとか…。

現代とミスマッチなレオポルドの言動に思わず笑ってしまいますが、現代ではなかなか見られない紳士的な態度は、どの時代の女性も好感を持ち、恋に落ちてしまいそう。ケイトも次第にレオポルドに惹かれていきます。しかし、彼はいずれ元の時代に戻らなければなりません。２人の恋はどうなるのでしょうか。

慎ましさを持った昔の女性と、現代の強くたくましい女性。紳士的で勇敢な昔の男性と、優柔不断で見栄っぱりの現代男性の対比が描かれたユーモアのある作品です。古きよき心豊かな18世紀の時代を感じながら、２人の恋の行方を見守りましょう。

## いま、会いにゆきます

**2004年／日本**
**監督:土井裕泰**

『いま、会いにゆきます　スタンダード・エディション』
DVD発売中
3,800円+税
発売元:博報堂DYメディアパートナーズ・小学館
販売元:東宝

### 切なく温かい夫婦の愛情

みなさんは好きな人がいますか？　好きな人との思い出は、記憶に残るものですよね。では、もしその記憶がなくなったとしても、その人をもう一度好きになるものなのでしょうか。

１年前に妻・澪《みお》を病気で亡くし、６才の息子・佑司と２人で助けあいながら暮らす巧《たくみ》。そんな親子に奇跡が訪れます。なんと死んでしまったはずの澪が、ある雨の日に突然現れたのです。そんな不思議な出来事から、このストーリーは始まっていきます。

生き返った澪には巧と恋をして結婚した記憶がありませんでした。記憶がない澪に巧が聞かせる２人の出会い、そして結婚するまでの恋は、とても純粋で切なくなります。果たして、澪はもう一度巧に恋をするのでしょうか。夫が妻を愛する一途な姿に加え、母親が生き返ったことを素直に喜ぶ佑司の姿に心を打たれ、最後まで目が離せません。

大ヒットを記録したORANGE RANGEの主題歌『花』の歌詞とメロディも作品にぴったりマッチしており、感動をより膨らませます。原作は市川拓司の小説です。

# 高校受験 ここが知りたい Q&A

## Q 志望校を選ぶときに偏差値だけを気にするのはいけませんか？

Question

志望校を選ぶのに悩んでいる中２男子です。選択基準として偏差値を最優先して考えています。しかし、塾の先生から「偏差値だけで学校を選ばない方がいい」とアドバイスされました。偏差値だけで学校を選んではいけないのですか。

（松戸市・中２・KS）

## A 偏差値だけではなく さまざまな面から学校をみましょう。

Answer

志望校を選択するにあたって一番大切なことは、その学校が自分の進路としてふさわしいかどうかです。

もちろん、入試に合格できなければ志望校に入学できませんから、その入試を突破できるかどうかは十分考慮しなければなりません。その面において、偏差値は合否可能性を合理的に判断する要素として大切なものであり、１つの有力な尺度ともなるでしょう。

しかし、偏差値はあくまで入学難易度を数値的に示す指標でしかないものです。具体的に複数の学校を比べてみたとしても、偏差値がほかの学校より高いからといって、その学校がほかより優れているとは断言できません。偏差値は、単に入試の難易度が便宜的に数値化されただけのもので、学校内容のすべてを示すわけではないからです。

学校を選ぶにあたっては、塾の先生が指摘するように、校風や教育内容、各校の特色、部活動や行事など、幅広い視点からみていくべきだと思います。自分が３年間を過ごす高校としてふさわしいかどうかを、さまざまな面からトータルに考えて判断しましょう。そのうえで、学力に合致しているかどうか、そして、合格するためにはどうすべきかを考えていくべきです。

偏差値以外のことも考慮に入れて、悔いのない高校選択をしてくださいね。

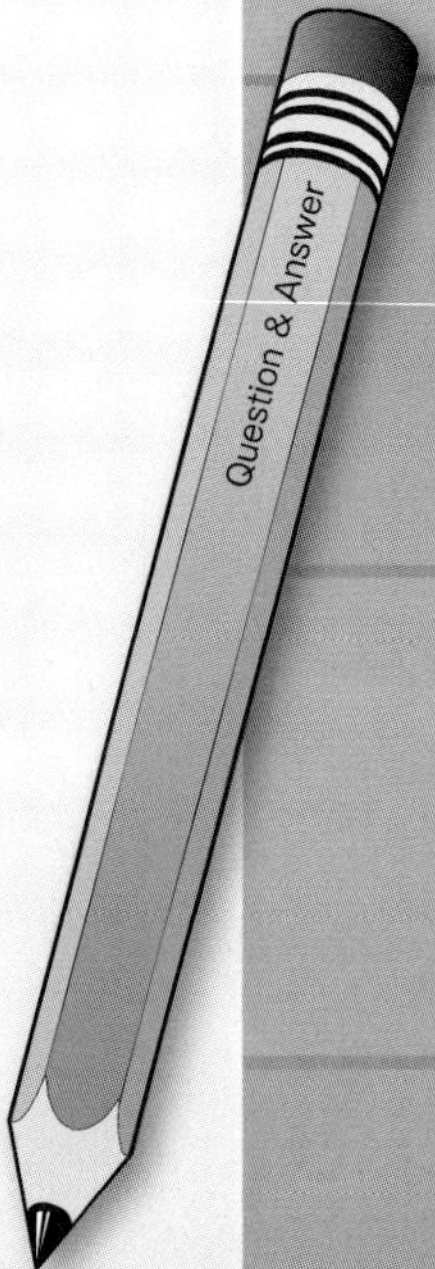

# Success Ranking

## 都道府県・市町村の魅力度ランキング

47都道府県および1000の市町村に抱くイメージを調査する「地域ブランド力調査」。認知度などのさまざまな項目で各地域を評価してもらい、それを数値化している。都道府県魅力度ランキング１位は６年連続で北海道となっているよ。

### 都道府県魅力度

| 順位 | 都道府県名 | 点数 |
|---|---|---|
| 1 | 北海道 | 62.7 |
| 2 | 京都府 | 50.1 |
| 3 | 沖縄県 | 43.0 |
| 4 | 東京都 | 41.5 |
| 5 | 神奈川県 | 30.6 |
| 6 | 奈良県 | 29.3 |
| 7 | 福岡県 | 26.4 |
| 8 | 大阪府 | 26.3 |
| 9 | 長野県 | 25.6 |
| 10 | 長崎県 | 23.0 |
| 11 | 石川県 | 22.9 |
| 12 | 兵庫県 | 22.8 |
| 13 | 宮城県 | 21.9 |
| 14 | 静岡県 | 20.9 |
| 15 | 熊本県 | 19.3 |
| 16 | 鹿児島県 | 18.5 |
| 17 | 愛知県 | 18.0 |
| 18 | 青森県 | 17.5 |
| 19 | 千葉県 | 17.1 |
| 20 | 秋田県 | 16.6 |
| 21 | 広島県 | 16.4 |
| 22 | 大分県 | 15.4 |
| 23 | 富山県 | 15.1 |
| 24 | 岩手県 | 14.4 |
| 25 | 宮崎県 | 14.3 |

### 市町村魅力度

| 順位 | 市町村名 | 都道府県名 | 点数 |
|---|---|---|---|
| 1 | 函館市 | 北海道 | 51.3 |
| 2 | 札幌市 | 北海道 | 49.1 |
| 3 | 京都市 | 京都府 | 48.0 |
| 4 | 小樽市 | 北海道 | 45.2 |
| 5 | 横浜市 | 神奈川県 | 43.4 |
| 6 | 富良野市 | 北海道 | 42.0 |
| 7 | 神戸市 | 兵庫県 | 40.9 |
| 8 | 鎌倉市 | 神奈川県 | 37.0 |
| 9 | 金沢市 | 石川県 | 36.5 |
| 10 | 屋久島町 | 鹿児島県 | 34.7 |
| 11 | 石垣市 | 沖縄県 | 33.9 |
| 12 | 別府市 | 大分県 | 33.8 |
| 13 | 日光市 | 栃木県 | 33.0 |
| 14 | 那覇市 | 沖縄県 | 32.0 |
| 15 | 軽井沢町 | 長野県 | 31.5 |
| 16 | 熱海市 | 静岡県 | 31.0 |
| 17 | 箱根町 | 神奈川県 | 30.5 |
| 18 | 伊豆市 | 静岡県 | 29.5 |
| 19 | 宮古島市 | 沖縄県 | 29.2 |
| 20 | 新宿区 | 東京都 | 29.0 |
| 21 | 出雲市 | 島根県 | 28.7 |
| 22 | 沖縄市 | 沖縄県 | 28.3 |
| 22 | 仙台市 | 宮城県 | 28.3 |
| 22 | 福岡市 | 福岡県 | 28.3 |
| 25 | 伊勢市 | 三重県 | 28.0 |

※株式会社ブランド総合研究所「地域ブランド調査2014」より

# ご提案型の教育旅行会社って？

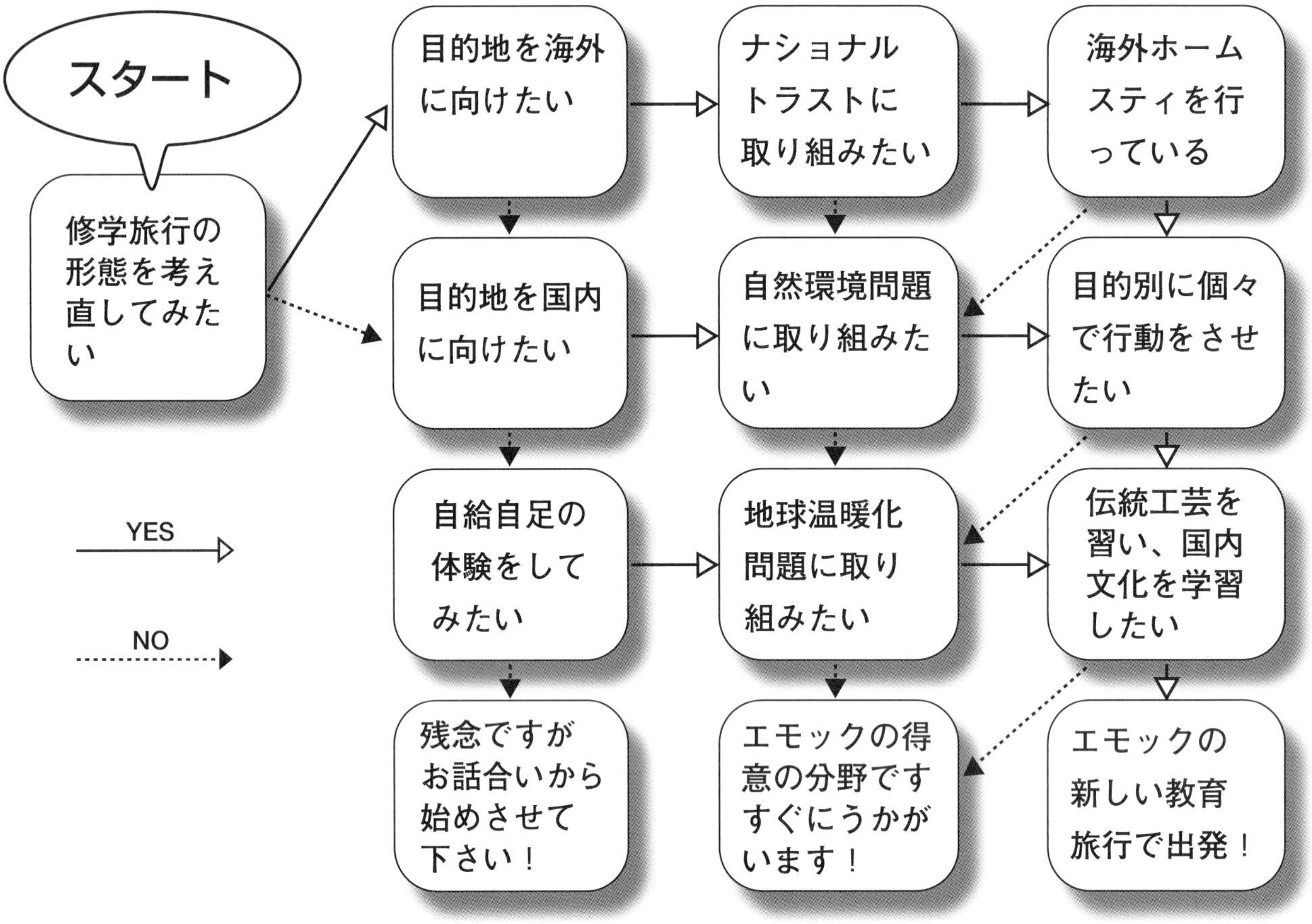
スタート
修学旅行の形態を考え直してみたい
目的地を海外に向けたい
ナショナルトラストに取り組みたい
海外ホームスティを行っている
目的地を国内に向けたい
自然環境問題に取り組みたい
目的別に個々で行動をさせたい
自給自足の体験をしてみたい
地球温暖化問題に取り組みたい
伝統工芸を習い、国内文化を学習したい
YES
NO
残念ですがお話合いから始めさせて下さい！
エモックの得意の分野ですすぐにうかがいます！
エモックの新しい教育旅行で出発！

従来の名所旧跡を訪ねる修学旅行から、最近ではさまざまなテーマを生徒個々または小グループごとにコンセプトメークしひとつの社会貢献の一環として、位置づける学習旅行へと形態移行しつつあります。

小社では国内及び海外の各種特殊業界視察旅行を長年の経験と実績で培い、これらのノウハウを学校教育の現場で取り入れていただき、保護者、先生、生徒と一体化した旅行づくりを行っております。

一例

- ●海、山、川の動物、小動物の生態系研究
- ●春の田植えと秋の収穫体験、自給自足のキャンプ
- ●生ごみ処理、生活廃水、産業廃棄物、地球温暖化などの環境問題研究
- ●ナショナルトラスト（環境保全施設、自然環境、道の駅、ウォーキング）
- ●語学研修（ホームスティ、ドミトリー、チューター付研修）など

[取扱旅行代理店]　**（株）エモック・エンタープライズ**

担当：山本／半田

国土交通大臣登録旅行業第1144号
東京都港区西新橋1-19-3　第２双葉ビル２階
E-mail:amok-enterprise@amok.co.jp

日本旅行業協会正会員（JATA）
☎ 03-3507-9777（代）
URL:http://www.amok.co.jp/

# 受験情報

Educational Column

## 15歳の考現学

6年後に導入の大学入試新テスト
自分の身近な問題として考えよう

私立 INSIDE

## 私立高校受験

中学校3年生が
この1年にするべきこと

公立 CLOSE UP

## 公立高校受検

志望校調査から探る
2015年度都立高校入試

BASIC LECTURE

## 高校入試の基礎知識

学校選択のための
ポイントはここにある

---

**千葉**

### 2016年度県立高校入試日程決まる

千葉県教育委員会は、「2016年度県立高等学校入学者選抜」の日程を以下の通りに定め、公表した。学力検査の日程はそれぞれ2015年度よりわずかに早まっている。

**■前期選抜の日程**

**・入学願書等提出期間**
2016年2月1日(月)・2日(火)

**・学力検査**
2016年2月9日(火)・10日(水)

**・合格発表**
2016年2月17日(水)

**・入学確約書提出期間**
2016年2月17日(水)〜2月19日(金)

◇

**■後期選抜の日程**

**・入学願書等提出期間**
2016年2月22日(月)・23日(火)

**・志願先変更受付期間**
2016年2月24日(水)・25日(木)

**・学力検査**
2016年2月29日(月)

**・合格発表**
2016年3月4日(金)

---

**埼玉**

### 立教新座が大学入学前に短期留学制度スタート

立教新座は高校3年生を対象に、大学入学前の2月8日から1カ月間アメリカへ留学するプログラム「ギャップイヤー留学」制度を始めた（今年度は13人）。

同校は、立教大が設立した中高一貫の男子校。2014年度、文部科学省より、「スーパーグローバルハイスクールアソシエイト校」の指定を受けている。

2014年度より始まったこの制度は、入学前に社会経験を積む期間（ギャップイヤー）の4週間、アメリカ・バージニア州のメアリーワシントン大学内のランゲージセンターに留学、英語力はもちろん、海外生活に必要な力と大学生としての精神面の醸成をめざす。

文法やスピーキングの練習、言語研究、発音、会話、リーディング、ライティングといった50〜60分の授業を1日6コマ、1カ月間で計100時間を受講。

英語力の伸長だけでなく、論理的思考力も学び、進学や就職後に生きる力を養う。米国の家庭にホームステイし、学んだ知識を生活内で使いこなすことで、英語の定着促進と異文化理解も促す。

# 15歳の考現学

## 6年後に導入の大学入試新テスト
## 自分の身近な問題として考えよう

**森上《もりがみ》 展安《のぶやす》**

森上教育研究所所長。1953年、岡山県生まれ。早稲田大学卒業。進学塾経営などを経て、1987年に「森上教育研究所」を設立。「受験」をキーワードに幅広く教育問題を扱う。近著に『教育時論』（英潮社）や『入りやすくてお得な学校』『中学受験図鑑』（ともにダイヤモンド社）などがある。教育相談、講演会も実施している。
HP:http://www.morigami.co.jp
Email:morigami@pp.iij4u.or.jp

### すでに始まっている大学入試の新しい流れ

昨年末に、文部科学省が設置した中央教育審議会において新しい大学入試制度の答申が出されました。

4月からの中1生はこの新制度が適用される初代になりますし、中2、中3生は逃げ切り世代で旧来の制度のままでよいことになります。

大きく変わる点は、大学入試センター試験に代わる新テストが行われることです。そのテストは従来の教科型ではない、総合型、合科型での出題がなされます。

じつは、今年からICU（国際基督教大）での入試が「総合教養」というテストに変わりました。「講義を聴く」要素が含まれる試験へと改められたのです。入試講義を聴講したのちに、その講義についての質問に回答する方式で、迅速かつ的確な判断力、論理的な思考力、これまで学んできた知識や考え方を柔軟に問題解決に応用する能力などが評価されます。いわば新テストの先行実施ともいえる入試が始まっているのです。

つまり、「中2・中3生には関係ないこと」と、この大学入試制度を考えていると視野を狭くします。

ICUだけでなく有名私大でも、早稲田大などでこのような論述型、総合型の入試が、先行していく可能性があるからです。

もう1つ、新テストを受験し、一定の学力試験をクリアしたのちの二次試験として実施されるのが、面接等による人物の多面的評価です。

これは、東京大・京都大などで今春から考えられている推薦入試枠での選抜とよく似ています。高校での活躍、業績、貢献が問われるのが、この推薦入試ですが、新テストの多面的評価と考え方は同じです。

例えばインターナショナルスクールの高校課程認定資格試験であるバカロレアの有資格者は、この推薦枠での評価の対象となっています。

新しい大学入試制度の二次試験における多面的評価においても、このような資格は変わらず評価の対象となるでしょう。

つまり、ここでも新テスト実施を待たず、多面的評価による選抜は一部で取り入れられているのです。

いまは一部で実施されていることが、4月の新中1生の大学入試からは、むしろメジャーな入試として全面的に採用される、という点が大切なところです。

これは中2・中3生にとっても大事な点で、今後、そうした方向で制度的に整備されますよ、ということ、つまり来たるべき選抜のあり方が、すでに見えているということです。

先のICUの例を待つまでもなく、柔軟に対応できる私大や、公立大などでは新制度実施を待つことなく新しい時流に棹《さお》さした入試が次第に多勢を占めていく可能性が高い、と見ておいてください。「私たちは関係ないよ」では済まされません。

それは、やはり同じアドミッションポリシーとして東京大・京都大の推薦入試枠についても、いまは100人程度にとどまっていますが、中2・中3のみなさんが大学入試を受けるころには、500人とか1000人とかになっているかもしれないのです。なぜなら、前述した通り、新制度はこの推薦入試にみる多面的評価を主軸にしよう、ということなのです。主軸となれば、3000名の合格者の過半がそういった選抜によって合格する、ということになりはしないでしょうか。

## 人物を多面的に評価する 新制度の二次試験

そうなると、いまは、新テストのあり様ばかりに注意がいってしまいがちですが、これは総合、あるいは合科になるにせよ、出題範囲が同じなのですから十分に対応できます。しっかり、中学・高校での勉強に精を出しさえすればよい、ということです。それよりむしろ変化が大きいのが、もう1つの二次試験で用いられる多面的評価の方です。

例えば、参考になる東京大・京都大の推薦入試における評価の条件をみておくと多少イメージができます。そこにはかなり高いパフォーマンスの事例が掲げられていますが、だれしもができることではありません。

先ほど事例としてあげたインターナショナルバカロレア（以下IBと略します）の課程は高2・高3の2カ年あり、その履修認定の試験のスコアで進学先に受け入れてもらえるかどうかが決まります。

この例にもみられるように、多面的評価とは、高校での業績評価です。学内・学外は問わないとはいえ、やはり学校での業績が通常です。果たしてこれは、高校になって積みあげることができることでしょうか？

音楽など小さいころからの訓練を要する文化的な業績は、個人の成育に大きく依存しますから、このような分野では高校から突然、能力を磨くことはできませんね。でも管楽器なら、ほかの楽器より遅く始めても間に合う場合もあるようです。しかし、そこにはどのような能力によって、ほかに抜きんでることができるか、というシビアな側面があります。

その面では競争ということには変わりないのですが、競争のレベルが違います。運動などでいう地区大会レベルでなく、せめて全国レベルでの競争といってよいでしょう。

その能力とすべきなんらかの特性を自らに見つけ、伸ばすためには、早期から取り組むことにこしたことはありません。早期の取り組みは音楽や運動ならずとも、じつに大切なポイントですね。

つまり能力の個性、認知の強み、といったことを折りに触れて意識しパーソナリティーを形成していくことこそが、これからの中高生の自己育成の仕方になるでしょう。

こうした努力は中・高校生6カ年のうち、なるべく長期に取り組むべきだし、また、そうしなければ選抜の対象とはなりにくい、つまり高いレベルの大学の合格圏には入らない、ということなのです。

ではそのためになにをしたらよいのでしょうか。

それは、ひと言でいえば「自己決定力を強める」という言い方がとても考えやすい、と思います。

いわば、これまでの大学入試制度は、テスト、テストで、いかに高得点を取るかだけを考えて、いかに生きるかは、二次的に決められていました。よい高校、よい大学に行ってから考える、また、行けば考えられる、ということで自己内部から、というよりは外部から進学先が決められていたようなものです。

どちらかといえば、これまでは自己決定力を持ち、自らの進路を定めて、チャレンジする、という制度ではなかったといえるでしょう。

もちろん進学に学力は必要ですからそれは学力テストで評価されます。しかし、二次試験で多面的人物評価があることで、自らが選びとる生き方を考える、という入試制度になったのだ、といえるでしょう。

テストで、どう高い得点を取るかを他人任せで考えるのではなく、自分はどのような大人になるのか、どのような能力、個性で社会に貢献するのか、を考えてそこを強くする。

それがこれからの大学入試を見据えた、中・高生の生き方といえます。

# 中学校3年生がこの1年にするべきこと

今回は、中学校3年生になる受験生が私立高校を受験しようとするとき、どのような1年間を送ることになるのかをまとめました。ここでは首都圏全体の平均的なスケジュールを示しましたが、4都県それぞれに微妙な違いがありますので注意が必要です。

## スタートは志望校選びから三者面談までに志望校決定を

中学3年生は、高校に出願し受験するまで、勉強だけでなく、さまざまなことをしなければなりません。その間、保護者の方とも十分な話し合いが必要です。

例えば、受験生だけの考えで志望校選択を進めると、保護者の信条や学費の面などに思考がおよばず、いざ、受験となって家族の考えとのミスマッチに苦しむこともあります。

さて、初めにやらなければならないのが志望校選択ですが、中学校3年生になるみなさんは、まず「学校を知る」ことから始めましょう。

2年生のうちから「学校見学に行きました」という受験生もいるかもしれませんが、ほとんどの場合はこれからなのではないでしょうか。

まずは、志望するかもしれない学校を5~6校は探し出し、それぞれの学校を調べるところから始めます。

### ■学校見学と学校説明会

私立高校を知る手段としては、まず、学校説明会があげられます。各私立高校では、おもに7月ぐらいからの土曜日、日曜日を使い、受験生にその学校に来てもらう説明会を開きます。

いくつかの学校が集まって開催する「合同学校説明会」という催しもあります。これは、一度に数多くの学校の説明を聞くことができる機会です。ただ、志望校として絞りこんだ学校には、やはり、実際に足を運ぶことをおすすめします。

このほかにオープンスクールなどといった名称で、学校を見学したあと、部活動などを体験できる機会も設けられています。

体育祭、文化祭、合唱祭など、学校行事を見学できる学校も数多くあります。これらのイベントは秋以降に開催されることが多いのですが、私立高校のうちの難関といわれる学校では、5月ぐらいから、夏休みまでに行われてしまうことも多いので注意が必要です。

これらの情報は各校のホームページで確認しましょう。

### ■模擬試験

夏休み以降の各月に行われる模擬試験ですが、受験生なら受けておかなければ志望校の選択ができません。そこで示される偏差値から、志望校の合格可能性が導き出されるからです。

とくに学力試験のみの一般入試を行う難関校、上位校に志望を絞っている受験生は、模擬試験でもたらされる偏差値が学力のバロメータとなります。そこで注意すべきは、毎回同じ模擬試験機関が行う試験を受けるようにすることです。そうしないと、偏差値の伸びなどのデータに信頼をおくことができなくなります。

ただし、東京、神奈川、千葉の私立高校受験の場合、とくに中位校では、入試の合否は中学3年生の12月に決まります。後述しますが、その合否は学校の成績で決まるのです。ですから、模擬試験での成績が悪かったからといって心配する必要はありません。模擬試験の成績は合否には関係しないのです。

ただ一点注意しておくべきなのは埼玉県の受験生です。埼玉県の受験生は10～12月に私立各校で行われる「個別相談」に模擬試験の結果（偏差値）を持参する必要がありますので、重要なデータとなります。

### ■三者面談

ほとんどの中学校では、担任の先生との個人面談が1学期、2学期に各1回行われます。自分が志望する学校のことを話し、先生の意見も聞いておきましょう。

そして2学期のなかばが過ぎると、担任の先生、受験生本人、保護者が話しあう三者面談が行われます。

担任の先生はすでに2学期末での予想成績を持っていますので、それをもとにした面談となります。

受験生側は「私立と公立、どちらが第1希望か」「男子校・女子校が希望か、共学校が希望か」ぐらいは、基本的事項として決めておかなければなりません。そして、3校ぐらいの志望校をあげておきましょう。とくに「自分が行きたい学校」は、明確に伝えてください。

私立高校志望の場合は、この面談で受ける学校が決定されることにもなります。

三者面談では、推薦入試も一般入試も、内申点によっては志望校を受験させてもらえない場合があります。中学校側は、高校入試で不合格者を出さないように、内申点から判断し、安全圏の高校を受験させるのがつねだからです。

### ■私立高校の推薦入試

東京・神奈川の私立高校入試には、「推薦入試」と「一般入試」があります。

千葉では「前期選抜」「後期選抜」ともに推薦入試を行うことができますが、推薦入試は「前期」で行っている学校がほとんどです。

推薦入試は、「その学校しか受けません。受かったらその学校に行きます」と約束する「単願（専願）推薦」と、「公立高校が受かったらその公立に行きますが、公立不合格の場合はその学校に必ず行きます」と約束する「併願推薦」があります。埼玉では前期・後期の区別がなくなって推薦制度には「単願（第1志望）入試」と「併願入試（公私立併願可能）」があり、学力試験も行われます。

推薦入試は、調査書の評価を重視し、そのほかに面接、小論文、推薦書などで合否を決める入試のことです。単願（専願）、併願ともに推薦の基準として、出願に必要とされる中学校での成績が定められています。まずは、この基準をクリアしているかを確認する必要があります。

## 埼玉県では受験生が私立高校と直接相談する

### ■私立高校の入試相談

中学校の先生が私立高校に出かけて、1人ひとりの生徒の（推薦入試での）合格可能性を相談するのが「入試相談」です。前項で少し触れていますが、埼玉県では「個別相談」と言い、別の方法がとられています。

三者面談で、受験校の最終確認が行われ、12月に入ると、先生が、志望する各高校に出向いて「入試相談」が行われるわけです。

12月中旬から、首都圏では東京、神奈川、千葉の中学校の先生が、各都県の私立高校を受験する生徒の成績一覧表を持って各私立高校に出向き、1人ひとりの合格の可能性を相談します。ここで「出願していいですよ」と言われれば、合格の可能性はかなり高いと言っていいでしょう。

埼玉県の私立高校が1月に実施する併願推薦入試は、他校（公立、私立とも）と併願することが可能で、入試前の10～12月、私立高校各校で行われる「個別相談」で、その合否の見通しが、私立高校側から受験生に直接伝えられます。

この「個別相談」が、他都県の推薦入試のための「入試相談」にあたるものなのですが、埼玉では中学校の先生ではなくて、受験生本人と保護者が私立高校に出かけて、模擬試験の成績などをもとに相談するところが他の都県と違います。

公立 CLOSE UP

# 志望校調査から探る 2015年度都立高校入試

安田教育研究所 副代表　**平松享**

都内公立中学校３年生の「志望予定調査」の結果から、今春の都立入試の傾向を進学指導重点校などを中心に調べます。都内の公立中では、中３の「志望予定調査」を行っています。１月上旬に発表された志望倍率は、実倍率とは異なりますが、今春の都立入試の全体像を知るには欠かせません。

## 平均志望倍率最高値 国際高校２・77倍

都内にある公立の中学校の今年の卒業予定者数は、約７万７０００名。10年ぶりに７万７０００人を超えた昨年とほぼ同じです。このうちの約７割が都立高校を第１志望に決めています。

男女別の志望率は、男子67・７%、女子74・０%で、前年より男子は０・３%低く、女子は０・２%高くなりました。

都立全体の平均志望倍率は、昨年、一昨年と同じ１・33倍で、３年連続して、これまでの最高値を記録しています。

**【表１】** 都立高校学科別平均志望倍率

| 平均志望倍率 | 一昨年 | 昨年 | 今年 |
|---|---|---|---|
| 都立計 | 1.33 | 1.33 | 1.33 |
| 普通科（男子） | 1.35 | 1.35 | 1.37 |
| 普通科（女子） | 1.43 | 1.42 | 1.42 |
| 普通科単位制 | 1.42 | 1.38 | 1.41 |
| 商業科 | 1.07 | 0.99 | 1.04 |
| 国際科 | 2.04 | 1.93 | 2.17 |
| 工業科 | 1.07 | 1.07 | 1.02 |
| 総合学科 | 1.27 | 1.30 | 1.28 |

学科別の志望倍率**【表１】**を、昨年と比べると、普通科（学年制）男子は、１・37倍とアップ、同女子は、１・42倍と変わらず、２年続けてダウンしていた普通科単位制は、昨年の１・38倍から１・41倍に反発しました。

一昨年、２年続いた低下から脱した総合学科は、今年も１・28倍とまずまずの値に止まりました。

国際科（**国際**の一般生徒と**大島海洋国際**）は、昨年一服したのち、今年は２・17倍に。**国際**のみでは、２・77倍と、都立で最も高い志望倍率をマークしています。

同校は、再来年度に高校２年生になる学年から、国際バカロレアコースをスタートさせます。今春は、このコースに進む生徒を、20名枠（日本人15名、外国人５名）で募集します。これに対して、46名が志望しています（調査では、日本人、外国人の区別はわかりません）。国際バカロレアコースの志望倍率は２・30倍となりました。

## 都立中高一貫校 募集減の影響残る

各校ごとに志望者の動きを見ると、

一昨年、都立中高一貫校4校（**大泉**、**富士**、**南多摩**、**三鷹**）が高校募集を停止したり、減らしたりした影響が、西部地域を中心に、強く残っていることがわかります。

昨年、4校の志望者層が移動して、高倍率となった中上位の学校を、今年の受験生は避けた結果、志望者を大幅に減らした学校が目につきます。

前年からの減少数を男女計で多い順にあげると、**文京**…143人減、**小金井北**…129人減、**日野台**…82人減、**井草**…81人減、**武蔵野北**…67人減などとなります。

一方、志望倍率の高い学校は、普通科（学年制）では、男子が、①**戸山**…2・30倍、②**調布南**…2・17倍、③**日比谷**…2・13倍、④**三田**…2・20倍、⑤**広尾**…2・03倍など。

女子は、①**小平**…2・67倍、②**三田**…2・52倍、③**向丘**…2・49倍、④**鷺宮**…2・40倍、⑤**広尾**…2・20倍など。

中堅校が多く並び、進学指導重点校などが多かった数年前とは、一変しています。

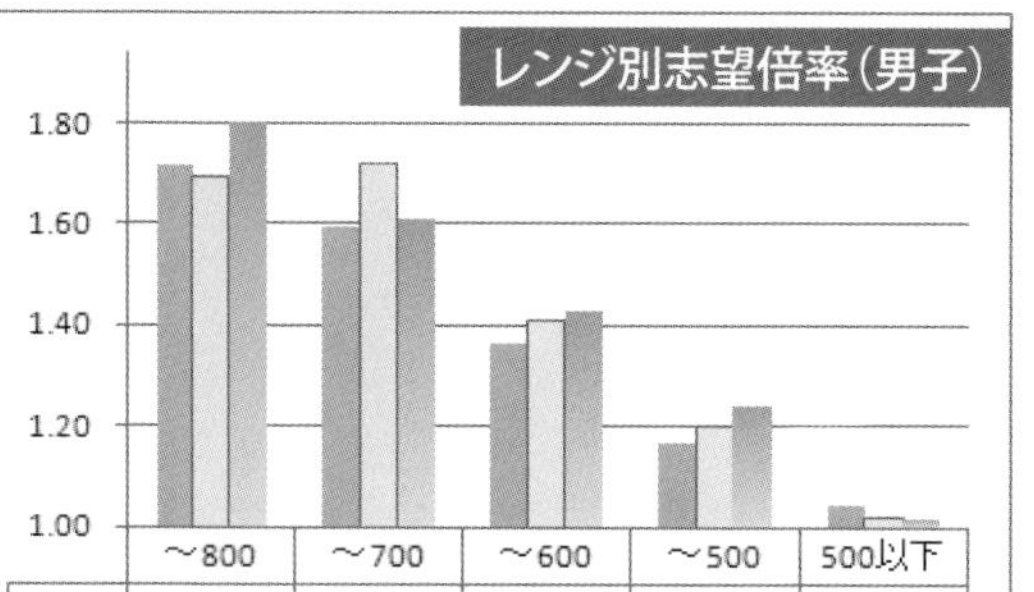


| | ～800 | ～700 | ～600 | ～500 | 500以下 |
|---|---|---|---|---|---|
| 13 | 1.72 | 1.59 | 1.37 | 1.17 | 1.04 |
| 14 | 1.69 | 1.72 | 1.41 | 1.20 | 1.02 |
| 今春 | 1.80 | 1.61 | 1.43 | 1.24 | 1.02 |

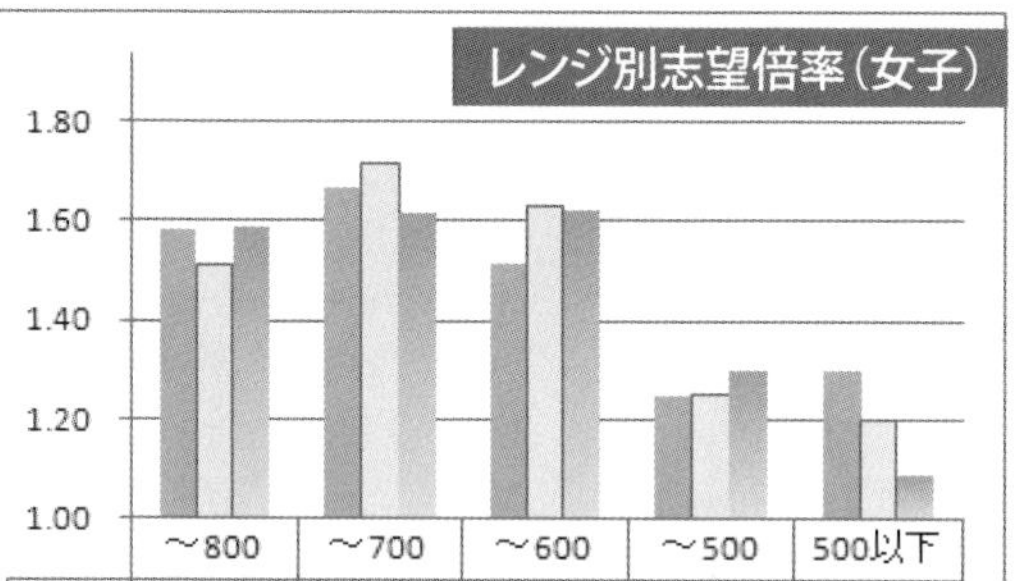


| | ～800 | ～700 | ～600 | ～500 | 500以下 |
|---|---|---|---|---|---|
| 13 | 1.58 | 1.67 | 1.51 | 1.25 | 1.30 |
| 14 | 1.51 | 1.72 | 1.63 | 1.25 | 1.20 |
| 今春 | 1.59 | 1.62 | 1.62 | 1.30 | 1.09 |

## 男子は最上位 女子は中位に厚み

左のグラフでは、普通科（学年制）の都立高校を、模試の合格基準で5つのレンジに区切り、平均志望倍率の3年推移を調べました。

男子では、最上位（800点台）が高く、下方に移るにつれて徐々に低くなっています。

昨年→今年では、最上位で1・69倍→1・80倍と伸び、700点台が、1・72倍→1・61倍と低下しています。

中位以下は、分布の様子は昨年とほとんど変わりません。

女子では、今年は中位（600点台）が、上位（700点台）と同じ1・62倍にそろい、中央部に台状の高倍率のゾーンができています。下位（500点台）もやや上昇してきました。

## チャレンジ志向と安全志向

今年、進学指導重点校の志望者数は、最近5年間で、男女とも最多の人数になりました。これには理由があります。

昨年、都内の公立中学卒業生の増加に合わせ、進学指導重点校でも、**戸山**と**国立**で募集人員を各1学級増加させました。

今年は、卒業生数は増えませんが、昨年増やした2校の募集人員を戻すかわりに、**青山**で1学級増やすことになりました。

ところで**青山**は、昨年春の大学合格実績を飛躍的に伸ばした学校です。

東京大、京都大、一橋大、東工大、国公立大学医学部医学科への現役合格者数が、**戸山**や**八王子東**を上回る人数にのぼり、それまでの不振から、V字回復を実現しました。

募集増と大学進学への期待が重なった**青山**の志望者数は、昨年より、男子75名増、女子58名増と急増しています。これが、進学指導重点校の志望者数を押しあげたもとになりました。

進学指導特別推進校の志望倍率は、**国際**が加わった一昨年にピークを刻んで以来、2年連続して低下しています。

とくに**新宿**は、志望者を3年前より100名以上減らし、倍率は、4年ぶりに2倍を切っています。

推進校では、**墨田川**が昨年の落ち込みから反発したほかは、**三田**、**竹早**の女子や、**豊多摩**、**小金井北**、**武蔵野北**の男女など、上位の学校で志望者数を減らす動きが目につきます。

全体として、**青山**など最上位をめざすチャレンジ志向と、**小金井北**など、近年の高倍率校を避ける安全志向の、対照が際立つ入試模様になっています。

# 進学指導重点校

## 進学学重点校（最近５年間）

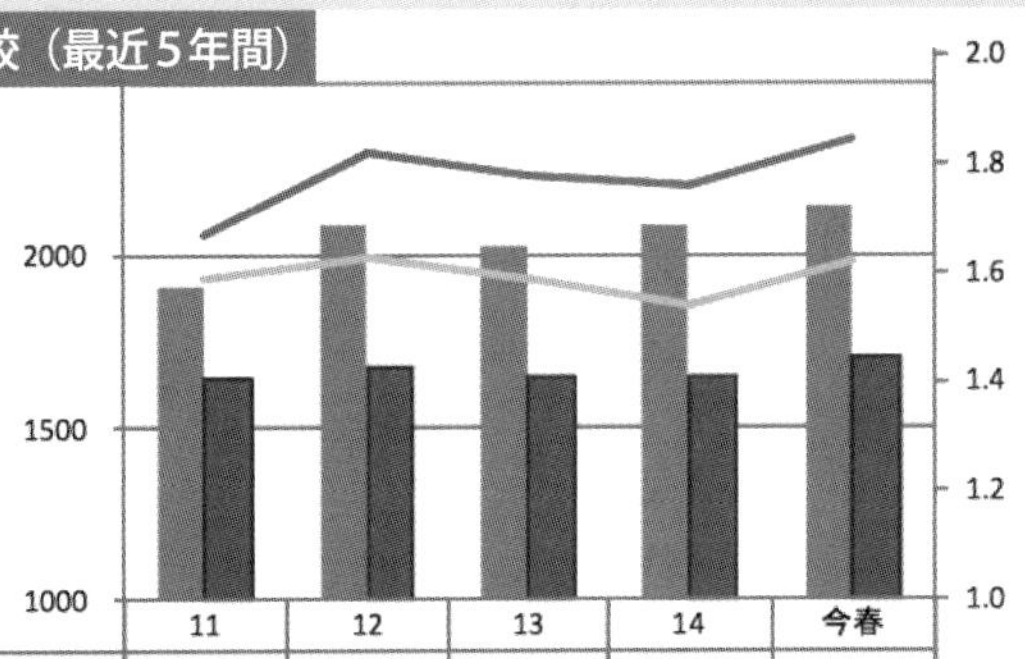

| | 11 | 12 | 13 | 14 | 今春 |
|---|---|---|---|---|---|
| 男子 志望者数 | 1907 | 2084 | 2027 | 2088 | 2144 |
| 女子 志望者数 | 1640 | 1677 | 1648 | 1649 | 1703 |
| 男子 志望倍率 | 1.67 | 1.82 | 1.78 | 1.76 | 1.85 |
| 女子 志望倍率 | 1.59 | 1.63 | 1.59 | 1.54 | 1.62 |

## 前年増減（14→15）

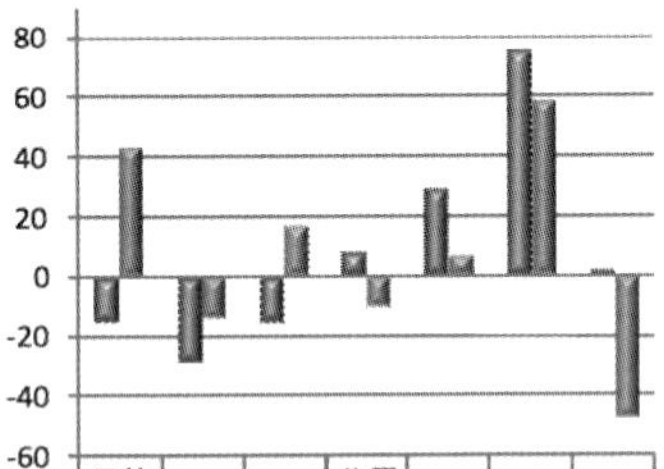

| | 日比谷 | 西 | 国立 | 八王子東 | 戸山 | 青山 | 立川 |
|---|---|---|---|---|---|---|---|
| 男子 | -15 | -28 | -15 | 8 | 29 | 75 | 2 |
| 女子 | 43 | -14 | 17 | -10 | 7 | 58 | -47 |

## 日比谷男子

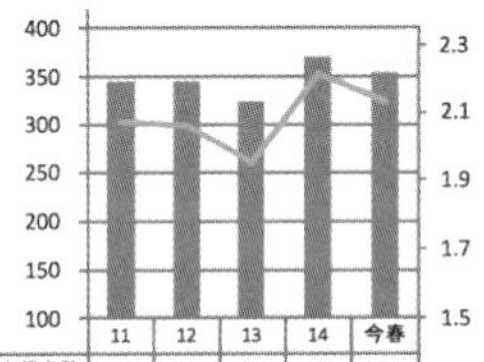

| | 11 | 12 | 13 | 14 | 今春 |
|---|---|---|---|---|---|
| 志望者数 | 344 | 344 | 324 | 369 | 354 |
| 志望倍率 | 2.07 | 2.06 | 1.95 | 2.21 | 2.13 |

## 日比谷女子

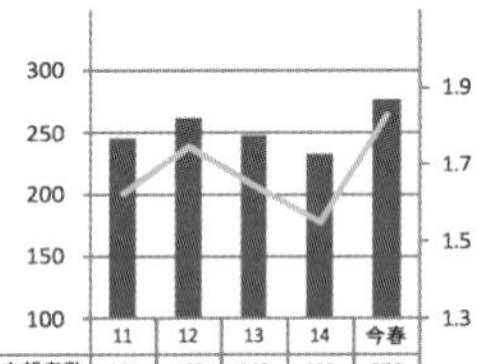

| | 11 | 12 | 13 | 14 | 今春 |
|---|---|---|---|---|---|
| 志望者数 | 245 | 262 | 248 | 233 | 276 |
| 志望倍率 | 1.62 | 1.75 | 1.64 | 1.55 | 1.83 |

## 西男子

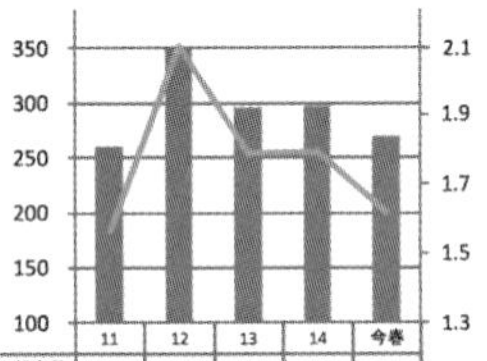

| | 11 | 12 | 13 | 14 | 今春 |
|---|---|---|---|---|---|
| 志望者数 | 260 | 348 | 295 | 297 | 269 |
| 志望倍率 | 1.57 | 2.10 | 1.79 | 1.79 | 1.62 |

## 西女子

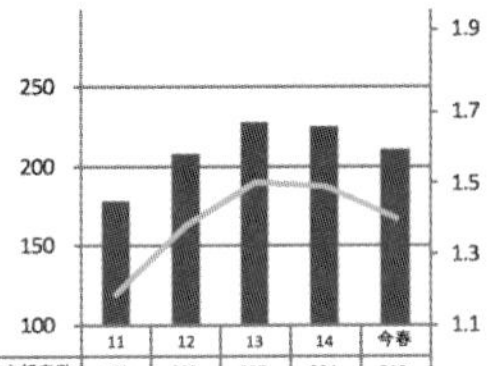

| | 11 | 12 | 13 | 14 | 今春 |
|---|---|---|---|---|---|
| 志望者数 | 178 | 207 | 227 | 224 | 210 |
| 志望倍率 | 1.19 | 1.38 | 1.50 | 1.49 | 1.40 |

## 国立男子

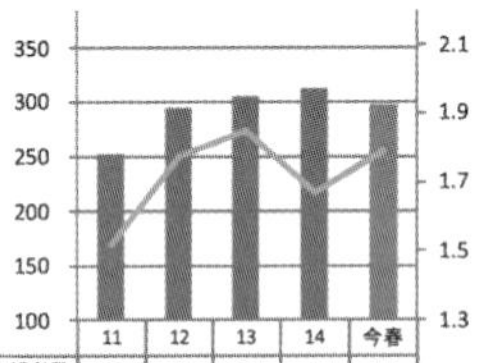

| | 11 | 12 | 13 | 14 | 今春 |
|---|---|---|---|---|---|
| 志望者数 | 252 | 294 | 305 | 312 | 297 |
| 志望倍率 | 1.52 | 1.77 | 1.85 | 1.67 | 1.79 |

## 国立女子

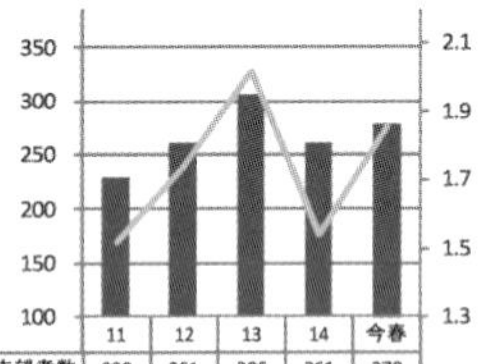

| | 11 | 12 | 13 | 14 | 今春 |
|---|---|---|---|---|---|
| 志望者数 | 228 | 261 | 305 | 261 | 278 |
| 志望倍率 | 1.52 | 1.74 | 2.02 | 1.54 | 1.85 |

## 八王子東男子

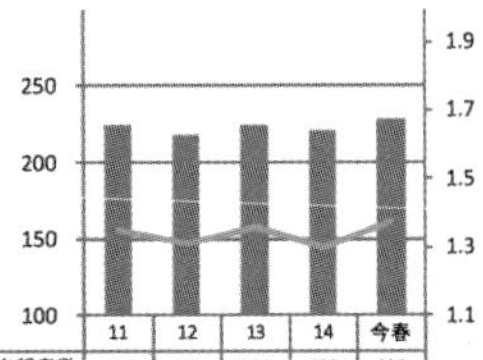

| | 11 | 12 | 13 | 14 | 今春 |
|---|---|---|---|---|---|
| 志望者数 | 224 | 218 | 224 | 220 | 228 |
| 志望倍率 | 1.35 | 1.31 | 1.36 | 1.3 | 1.37 |

## 八王子東女子

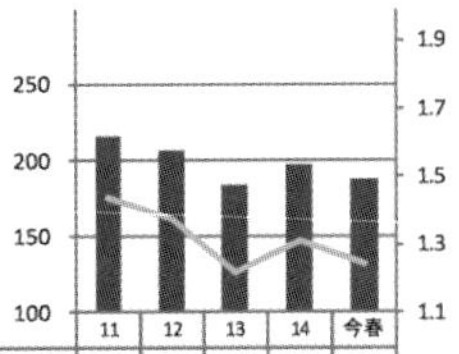

| | 11 | 12 | 13 | 14 | 今春 |
|---|---|---|---|---|---|
| 志望者数 | 216 | 206 | 184 | 197 | 187 |
| 志望倍率 | 1.44 | 1.37 | 1.22 | 1.31 | 1.25 |

## 戸山男子

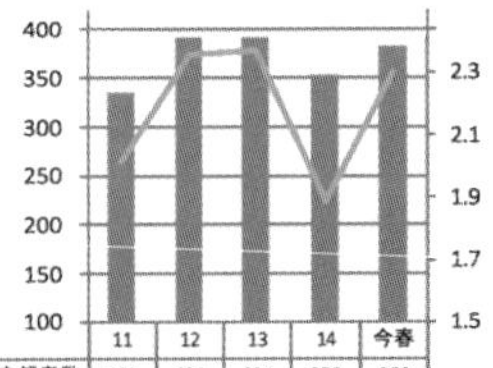

| | 11 | 12 | 13 | 14 | 今春 |
|---|---|---|---|---|---|
| 志望者数 | 335 | 391 | 391 | 353 | 382 |
| 志望倍率 | 2.02 | 2.36 | 2.37 | 1.89 | 2.30 |

## 戸山女子

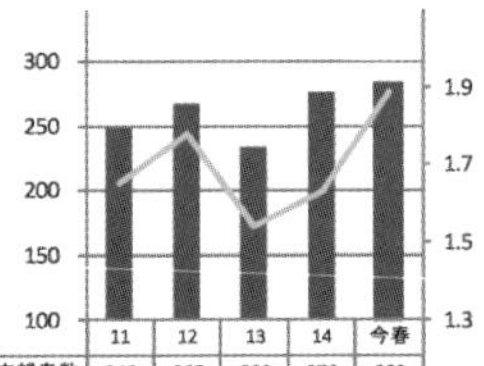

| | 11 | 12 | 13 | 14 | 今春 |
|---|---|---|---|---|---|
| 志望者数 | 248 | 267 | 233 | 276 | 283 |
| 志望倍率 | 1.65 | 1.78 | 1.54 | 1.63 | 1.89 |

## 青山男子

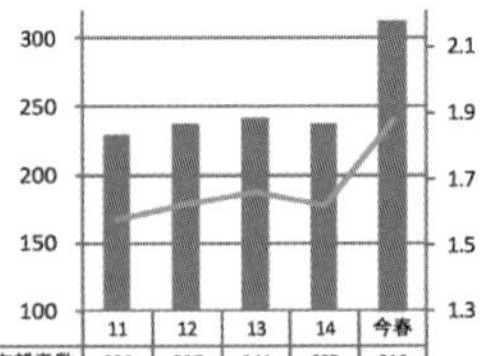

| | 11 | 12 | 13 | 14 | 今春 |
|---|---|---|---|---|---|
| 志望者数 | 229 | 237 | 241 | 237 | 312 |
| 志望倍率 | 1.58 | 1.62 | 1.66 | 1.62 | 1.88 |

## 青山女子

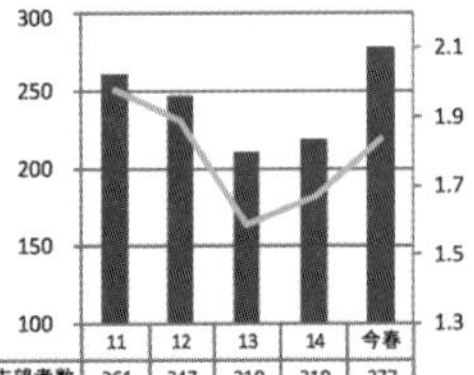

| | 11 | 12 | 13 | 14 | 今春 |
|---|---|---|---|---|---|
| 志望者数 | 261 | 247 | 210 | 219 | 277 |
| 志望倍率 | 1.98 | 1.89 | 1.59 | 1.67 | 1.83 |

## 立川男子

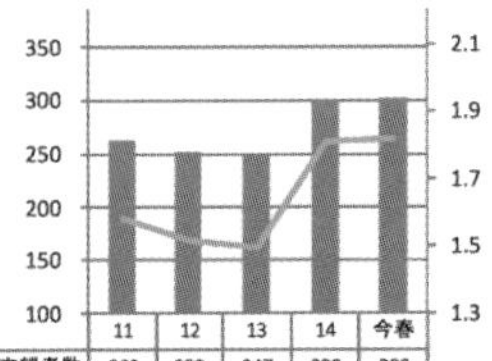

| | 11 | 12 | 13 | 14 | 今春 |
|---|---|---|---|---|---|
| 志望者数 | 263 | 252 | 247 | 300 | 302 |
| 志望倍率 | 1.58 | 1.52 | 1.50 | 1.81 | 1.82 |

## 立川女子

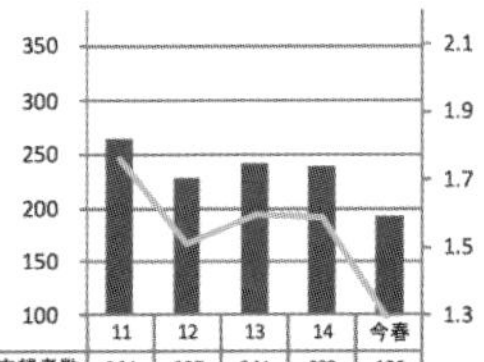

| | 11 | 12 | 13 | 14 | 今春 |
|---|---|---|---|---|---|
| 志望者数 | 264 | 227 | 241 | 239 | 192 |
| 志望倍率 | 1.76 | 1.51 | 1.60 | 1.59 | 1.28 |

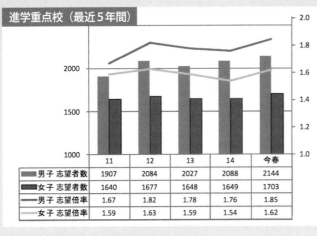

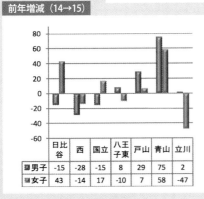

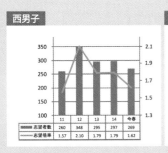

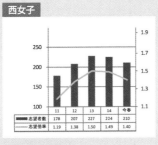

## 進学指導特別推進校

※国分寺、小山台、駒場、町田は省略

### 特別推進校合計（最近５年間）

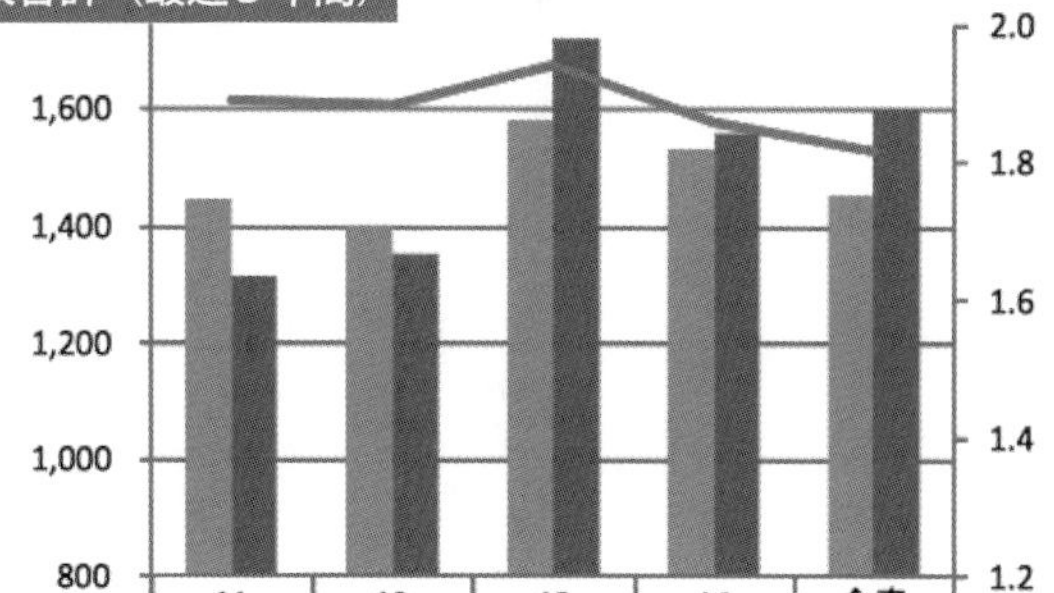

| | 11 | 12 | 13 | 14 | 今春 |
|---|---|---|---|---|---|
| 男子 志望者数 | 1447 | 1402 | 1582 | 1531 | 1454 |
| 女子 志望者数 | 1314 | 1353 | 1721 | 1559 | 1601 |
| 特進校 志望倍率 | 1.89 | 1.89 | 1.94 | 1.86 | 1.82 |

### 新宿男女計

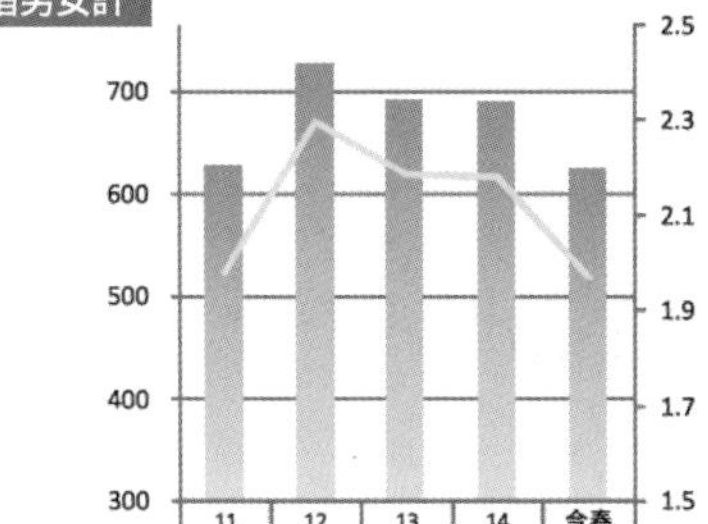

| | 11 | 12 | 13 | 14 | 今春 |
|---|---|---|---|---|---|
| 志望者数 | 626 | 726 | 691 | 689 | 623 |
| 志望倍率 | 1.98 | 2.30 | 2.19 | 2.18 | 1.97 |

### 国際男女計

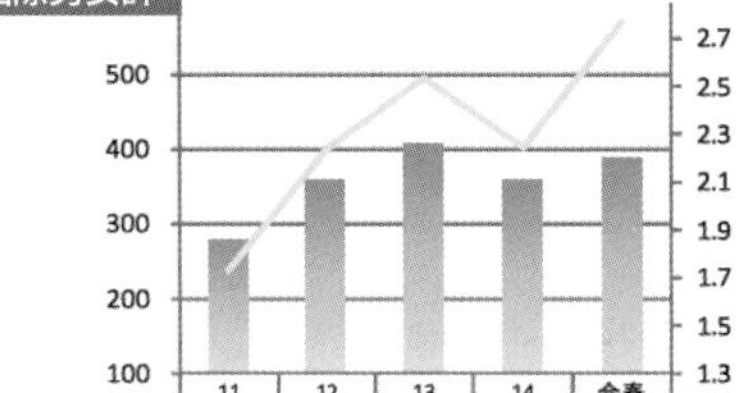

| | 11 | 12 | 13 | 14 | 今春 |
|---|---|---|---|---|---|
| 志望者数 | 278 | 358 | 406 | 360 | 388 |
| 志望倍率 | 1.74 | 2.24 | 2.54 | 2.25 | 2.77 |

## 進学指導推進校

### 三田男子

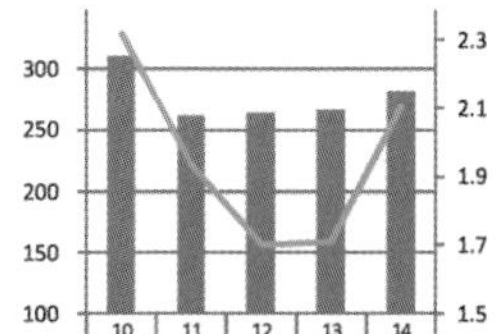

| | 10 | 11 | 12 | 13 | 14 |
|---|---|---|---|---|---|
| 志望者数 | 311 | 261 | 264 | 266 | 282 |
| 志望倍率 | 2.32 | 1.93 | 1.70 | 1.71 | 2.10 |

### 三田女子

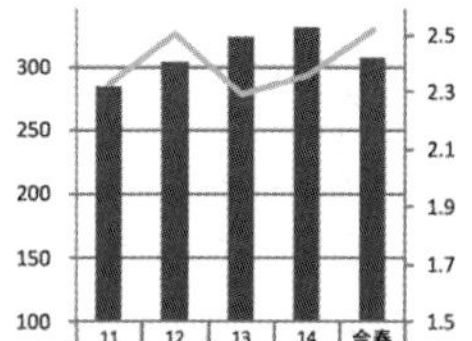

| | 11 | 12 | 13 | 14 | 今春 |
|---|---|---|---|---|---|
| 志望者数 | 284 | 303 | 323 | 330 | 307 |
| 志望倍率 | 2.33 | 2.50 | 2.29 | 2.36 | 2.52 |

### 竹早男子

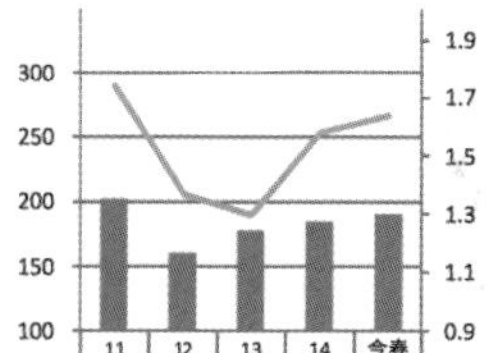

| | 11 | 12 | 13 | 14 | 今春 |
|---|---|---|---|---|---|
| 志望者数 | 202 | 160 | 178 | 185 | 190 |
| 志望倍率 | 1.74 | 1.37 | 1.30 | 1.58 | 1.64 |

### 竹早女子

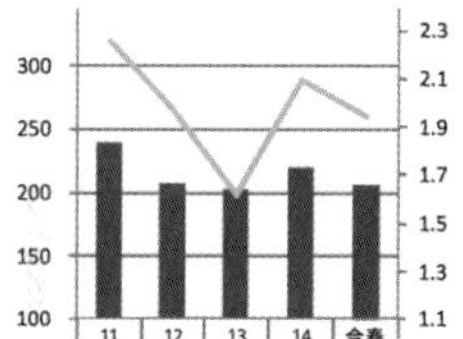

| | 11 | 12 | 13 | 14 | 今春 |
|---|---|---|---|---|---|
| 志望者数 | 239 | 207 | 202 | 219 | 206 |
| 志望倍率 | 2.25 | 1.97 | 1.62 | 2.09 | 1.94 |

### 豊多摩男子

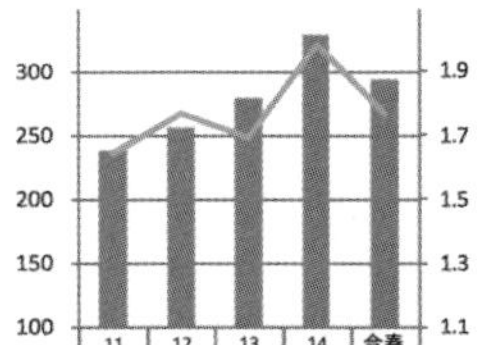

| | 11 | 12 | 13 | 14 | 今春 |
|---|---|---|---|---|---|
| 志望者数 | 238 | 256 | 279 | 329 | 293 |
| 志望倍率 | 1.64 | 1.77 | 1.69 | 1.98 | 1.77 |

### 豊多摩女子

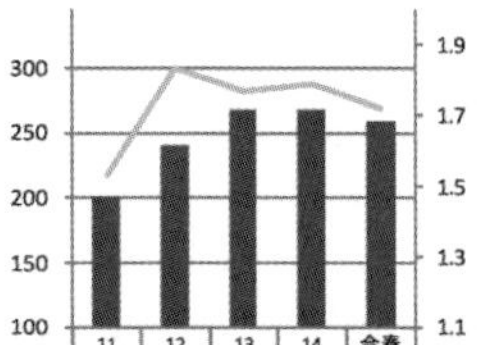

| | 11 | 12 | 13 | 14 | 今春 |
|---|---|---|---|---|---|
| 志望者数 | 201 | 240 | 267 | 268 | 259 |
| 志望倍率 | 1.53 | 1.83 | 1.77 | 1.79 | 1.72 |

### 小金井北男子

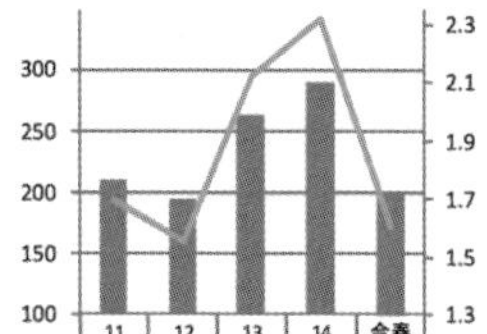

| | 11 | 12 | 13 | 14 | 今春 |
|---|---|---|---|---|---|
| 志望者数 | 210 | 194 | 263 | 290 | 199 |
| 志望倍率 | 1.69 | 1.55 | 2.12 | 2.32 | 1.60 |

### 小金井北女子

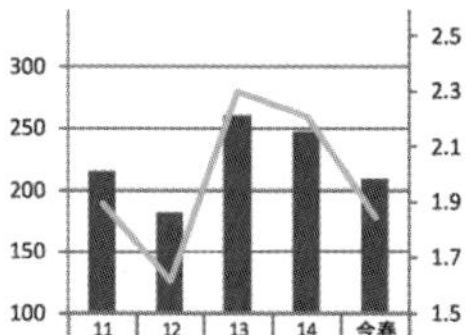

| | 11 | 12 | 13 | 14 | 今春 |
|---|---|---|---|---|---|
| 志望者数 | 214 | 181 | 260 | 247 | 209 |
| 志望倍率 | 1.89 | 1.62 | 2.30 | 2.21 | 1.85 |

### 武蔵野北男子

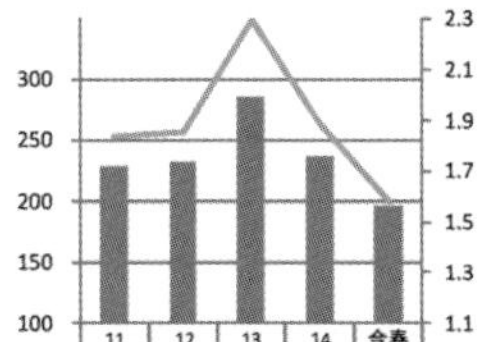

| | 11 | 12 | 13 | 14 | 今春 |
|---|---|---|---|---|---|
| 志望者数 | 228 | 232 | 285 | 236 | 196 |
| 志望倍率 | 1.84 | 1.86 | 2.30 | 1.89 | 1.58 |

### 武蔵野北女子

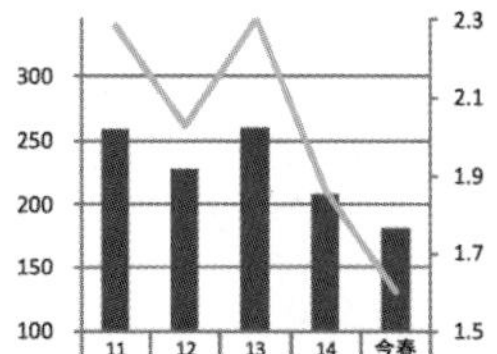

| | 11 | 12 | 13 | 14 | 今春 |
|---|---|---|---|---|---|
| 志望者数 | 258 | 227 | 260 | 208 | 181 |
| 志望倍率 | 2.28 | 2.03 | 2.30 | 1.86 | 1.60 |

### 墨田川男女計

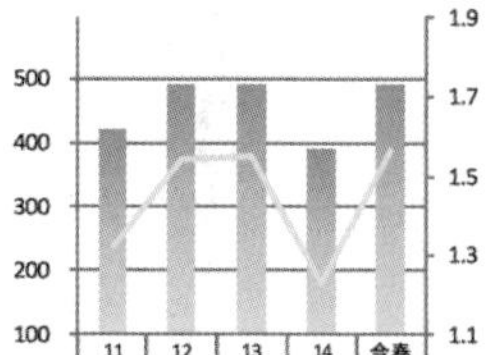

| | 11 | 12 | 13 | 14 | 今春 |
|---|---|---|---|---|---|
| 志望者数 | 418 | 488 | 490 | 388 | 494 |
| 志望倍率 | 1.32 | 1.54 | 1.55 | 1.23 | 1.56 |

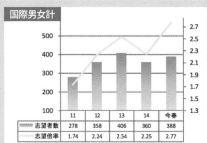

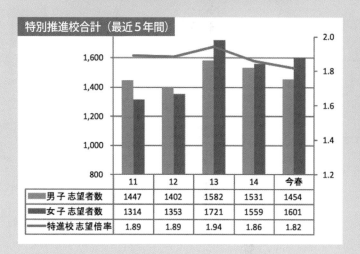

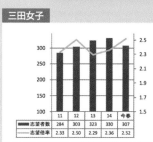

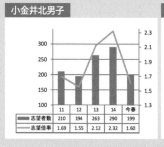

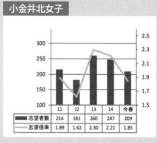

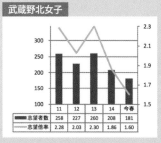

# 学校選択のためのポイントはここにある

春になれば、いよいよ受験学年がめぐってくる中学３年生のみなさん、受験しようとする学校は決まっていますか。「まだ決まっていない」「絞り込めていない」という人が多いでしょう。そこで、本格的に学校選択を始めようとするときに知っておいてほしい基礎知識をまとめました。

## 自分に合った学校を選ぶにはこんなことに注目しよう

### ■まずは学力を伸ばそう

実際に高校を選ぼうとする場合、そこに入学試験がある以上、やはり、学力が大きなポイントになってきます。学力が一定以上あれば、希望する高校に進学するチャンスは大きく広がるのです。

「入試当日の筆記試験の結果のみ」で合格者を決める、ごく一部の私立校以外は、どこの高校に行くにしても、内申書が重要となります。ですから、進路選択の幅を広げるためにも、内申点をしっかり取っておく必要があります。

さて、進学する学校を見極めるためには、次のようなことがポイントになります。

### ■共学校か男子校・女子校か

共学か否かは、学校行事などの生活面や勉強に対する雰囲気などが違ってきますから、学業面にも影響があります。自分が共学校向きか男子校、女子校向きかは、志望校選びを始める前に見極めておく必要があります。わからなければ、中学校の担任や部活動の先生、塾の先生、また、友だちにも相談してみましょう。

中間的な学校として「別学校」もありますが、判断基準は男子校、女子校と同じと考えていいでしょう。

### ■私立校か公立校か

私立校はそれぞれ独自の教育理念で教育を行っていますので、その校風に合えば、とても充実した3年間を送ることができます。公立校も各校で特色を出そうとはしていますが、いまだに全体に似たイメージがあるのは否めません。

私立校は、学費その他、必要な費用が公立校よりも高くなります。ただ、公立校の施設はほぼ30年は改修しませんので、公立校によっては設備が不十分だと感じられる学校もあります。

私立校の学費は高いとはいっても、学業優秀な生徒には授業料を免除する「特待制度」がありますし、行政側からの補助も大幅に増えていますので、諦めることはありません。特待制度の基準は学校によって異なりますので、詳しく調べましょう。

### ■学科

大学進学を目標としている生徒は

普通科で問題はありません。ただ、普通科のなかでも専門学科や総合学科は進路が限定される傾向がありますので注意が必要です。

　私立校には、コースがさまざまにありますので、学校説明会などでよく吟味することが大切です。進学後にコース変更するのは、カリキュラムが違いますので難しくなります。

**■交通アクセスや立地条件**

　いくら「いいなぁ」と思う高校でも、自宅から通うのに遠すぎたり、電車通学の際、乗り換えの不便さなどが重なれば、通学するだけで疲れてしまうことになります。学校説明会やオープンスクールに行くときは、実際の交通アクセスの状況や通学時間を試してみましょう。

　学校の最寄り駅からの通学路も歩いて確認しましょう。近くに繁華街があると、学校帰りについ寄り道…、などといったことにもなりかねませんし、在学中にトラブルに巻き込まれたりということも考えられます。学校の近くに図書館やコミュニティセンターなどがあれば、そこも学習の場と考えることもできます。

　交通の便の良し悪しを調べるためにも、志望する高校へのアクセスを一度は試してみましょう。また、学校説明会などは土曜日の午後や日曜日が多くなります。実際の通学は平日のラッシュ時になることも頭に入れておきましょう。

## 校風を知るには学校行事の見学が一番

**■入試の方法と入試科目**

　入試の方法では、学力試験一本という学校や、内申書の内容と面接という学校、作文・適性検査等による選抜など、学校により、また、入試回によりさまざまな方法があります。

　公立校を受検する場合は内申点が重要になります。また、内申点と学科試験の得点配分は、都県や学校によって違いがあります。

　受けようと思う学校の入試科目も要チェックです。3教科（国・数・英）なのか、5教科（国・数・英・社・理）なのか、面接の有無なども調べましょう。社会・理科が苦手な人は3教科受験の方が有利ですし、理社が得意な人は5教科の方が実力を発揮できる可能性が高くなります。

**■部活動や学校行事**

　高校生活では、勉強ばかりでなく充実した学校生活を送ることも大切です。部活動や学校行事はそのためにとても重要です。

　受験しようとする学校にどんな行事や部活動があるのか、自分に合うかどうかをよくチェックしておきましょう。行事や部活動から学校の雰囲気もうかがえます。一般的に公立校は、文化祭や合唱祭などの行事でとても盛りあがります。反対に私立の進学校では、公立校に比べ行事の準備期間は短い場合が多いです。

**■校風や教育方針**

　伸びのびとして、生徒の自主性を重視する学校、規律を重視し厳しく指導を行う学校。各学校にはそれぞれの校風があります。また、それを生み出す教育理念や教育方針があります。どちらがよくて、どちらが悪いということではありません。自分の性格に合う学校を選ぶことが重要です。自分を律することができる人は、伸びのびとした学校でも大丈夫でしょうが、その自信がなければ、面倒見のいい学校の方が無難といえます。

**■卒業後の進路**

　「大学進学実績」を公表している学校の場合は、その高校の大学進学に対する意気込みが数字から読み取れます。「大学合格者数」の場合は注意が必要です。私立大学はいくつもの大学、学部を受験できますので、1人が何カ所にも合格している可能性があります。

　注目してほしいのは、国公立大学の合格者数です。基本的に1大学しか受けられないからです。

　また、国公立大学は大学入試センター試験で5教科受験をする必要があるため、高校側がしっかりと対策をしているかどうかもわかります。

**■その他**

　大学附属校は、系列の大学への進学が容易ですが、その大学に、将来希望する学部がないということも考えられます。大学附属校の場合は、その大学のことまでよく調べることが重要です。

　また、中高一貫校に高校からの入学を希望する場合には少し注意が必要です。高校からの入学生は、中学校から入学している生徒と比べて授業進度が違っています。それを調整するために、入学後しばらく補習授業を受けなければならないこともありますし、2年生まで別クラスという学校もあります。

# 1月号の答えと解説

## 問題 Q 論理パズル（着順予想）

**ア～エ**の４人は、Ａ～Ｇの７人が行うマラソン競争の着順を下の表のように予想しました。

マラソン競争が終わって７人の順位が決まった結果、**ア～ウ**の３人が順位を当てた人数は、表の右端に示されているように、それぞれ５人、４人、４人でした。

このとき、**エ**が順位を当てた人数は何人でしょうか。

| 予想順位／予想者 | 1 | 2 | 3 | 4 | 5 | 6 | 7 | 順位を当てた人数 |
|---|---|---|---|---|---|---|---|---|
| **ア** | E | B | G | C | A | F | D | 5 |
| **イ** | C | A | G | E | F | B | D | 4 |
| **ウ** | D | B | C | E | A | F | G | 4 |
| **エ** | C | F | E | G | A | D | B | **?** |

## 解答 2人

### 解説

| 予想順位／予想者 | 1 | 2 | 3 | 4 | 5 | 6 | 7 | 順位を当てた人数 |
|---|---|---|---|---|---|---|---|---|
| **ア** | E | B | G | C | A | F | D | 5 |
| **イ** | C | A | G | E | F | B | D | 4 |
| **ウ** | D | B | C | E | A | F | G | 4 |
| **エ** | C | F | E | G | A | D | B | **2** |

右の表で、アとウの予想に注目すると、２、５、６位が同じであることがわかります。ここで、アの順位を当てた人数が５人だから、２、５、６位のうち、少なくとも１つは当てています。

① ２、５、６位のうち１つだけが当たっているとすると、
⇒ アは、１、３、４、７位のうち4つすべてを当てた
⇒ ウが当てた人数１人
となって、条件に合いません。

② ２、５、６位のうち2つが当たっているとすると、
⇒ アは、１、３、４、７位のうち３つを当てた
⇒ ウが当てた人数３人以下
となって、条件に合いません。

①、②より、アとウは、２、５、６位を当てたことになります。すると、イは2、５、６位をはずしたことになるので、１、３、４、７位をすべて当てたことになります。

以上より、７人の着順は、C、B、G、E、A、F、Dの順になります。

よって、エは１位と５位だけを当てたことになるので、エが順位を当てた人数は２人とわかります。

# 中学生のための学習パズル

## 今月号の問題

### ワードサーチ（単語探し）

リストにある英単語を、下の枠のなかから探し出すパズルです。単語は、例のようにタテ・ヨコ・ナナメの方向に一直線にたどってください。下から上、右から左へと読む場合もあります。また、１つの文字が２回以上使われていることもあります。パズルを楽しみながら、「自然現象」に関する単語を覚えましょう。

最後に、リストのなかにあって、枠のなかにない単語が１つだけありますので、それを答えてください。

| | | | | | | | | | | | |
|---|---|---|---|---|---|---|---|---|---|---|---|
| P | N | O | O | H | T | O | L | C | E | G | M |
| L | D | A | E | C | R | A | F | A | Z | J | O |
| R | B | L | I | Z | Z | A | R | D | E | L | N |
| H | K | Q | G | T | E | T | I | O | E | C | K |
| I | E | C | D | S | H | S | F | N | R | A | B |
| E | X | R | I | Q | Z | U | O | G | B | U | W |
| Y | G | N | U | F | L | O | N | J | H | O | A |
| L | S | A | T | P | H | A | M | D | N | I | W |
| D | K | C | R | P | T | B | I | S | E | G | H |
| E | V | J | Y | I | E | I | T | S | O | R | F |
| M | B | T | D | W | M | R | O | T | S | B | G |
| I | F | I | H | E | O | D | A | N | R | O | T |
| A | D | U | O | L | C | Z | B | K | F | E | D |

【単語リスト】

| | |
|---|---|
| aurora（オーロラ） | mirage（蜃気楼） |
| blizzard（猛吹雪） | monsoon（季節風） |
| breeze（そよ風・微風） | rainbow（虹） |
| cloud（雲） | snow（雪）【例】 |
| comet（彗星） | storm（あらし・暴風雨） |
| earthquake（地震） | thunder（雷・雷鳴） |
| eruption（火山の噴火） | tornado（竜巻） |
| fog（霧） | typhoon（台風） |
| frost（霜） | wind（風） |

## 1月号学習パズル当選者

**全正解者36名**

**玉木　幹大**さん（千葉県船橋市・中2）
**山城　美奈**さん（埼玉県さいたま市・中1）
**豊田　亮**さん（東京都中野区・中2）

## 応募方法

**●必須記入事項**

01　クイズの答え
02　住所
03　氏名（フリガナ）
04　学年
05　年齢
06　右のアンケート解答
　展覧会（詳細は73ページ）の招待券をご希望の方は、「○○（展覧会の名前）招待券希望」と明記してください。

◎すべての項目にお答えのうえ、ご応募ください。
◎ハガキ・ＦＡＸ・e-mailのいずれかでご応募ください。
◎正解者のなかから抽選で３名の方に図書カードをプレゼントいたします。
◎当選者の発表は本誌2015年５月号誌上の予定です。

**●下記のアンケートにお答えください。**

A今月号でおもしろかった記事とその理由
B今後、特集してほしい企画
C今後、取り上げてほしい高校など
Dその他、本誌をお読みになっての感想

**◆応募締切日 2015年3月15日**（当日消印有効）

**◆あて先**
〒101-0047　東京都千代田区内神田2-4-2
グローバル教育出版　サクセス編集室
FAX：03-5939-6014
e-mail:success15@g-ap.com

# 成《なり》田《た》高等学校

■ 千葉県成田市成田27
■ JR成田線「成田駅」・京成線「京成成田駅」徒歩15分
■ 0476-22-2131
■ http://www.narita.ac.jp/


**問題**

図のように，半径９の円$O$と半径４の円$O'$が点$P$で接している。また，直線$l$はこの２つの円に接し，それぞれの接点を$A$，$B$とする。さらに，点$P$における２つの円の接線を$m$とし，$l$と$m$の交点をQとする。このとき，次のア～コの［　　］に当てはまる数や符号を答えなさい。

(1) 線分$AO'$の長さは，［ア］√［イウ］である。

(2) △$OAO'$の面積は，［エオ］である。

(3) 線分$O$Qの長さは，［カ］√［キク］である。

(4) 四角形$PO'B$Qの面積は［ケコ］である。

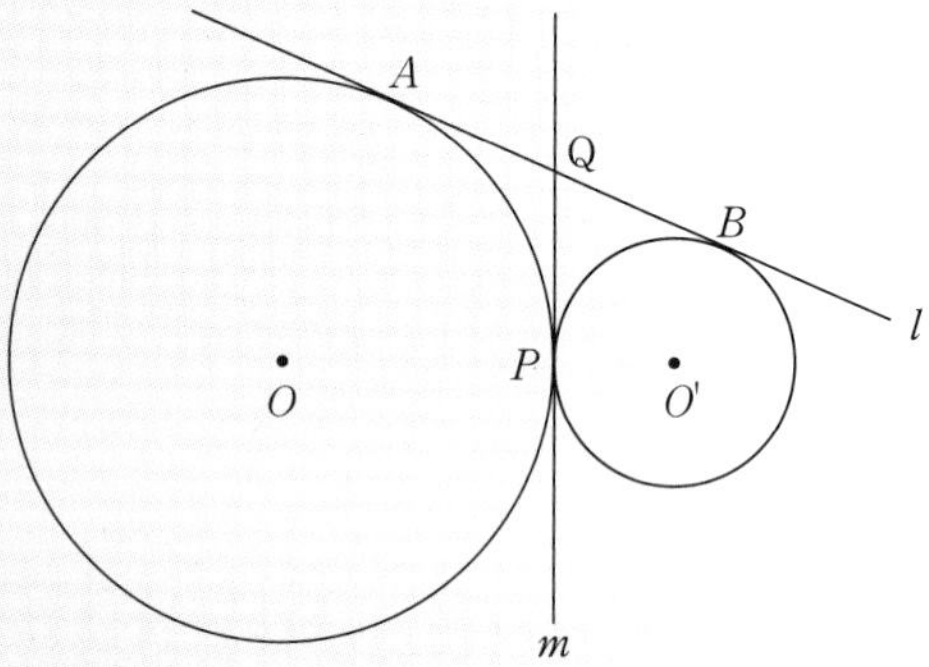


解答　ア4　イ1　ウ0　エ5　オ4　カ3　キ1　ク3　ケ2　コ4

# 日《に》本《ほん》大《だい》学《がく》第《だい》二《に》高等学校

■ 東京都杉並区天沼1-45-33
■ JR中央線「荻窪駅」徒歩15分またはバス、西武新宿線「鷺ノ宮駅」・西武池袋線「中村橋駅」「練馬駅」バス
■ 03-3391-9700
■ http://www.nichidai2.ac.jp/


**問題**

右の図のように，△ABCの頂点Aから辺BCに引いた垂線をADとする。また，ADを直径とする円と辺AB，ACとの交点をそれぞれE，Fとする。

AD＝４，BD＝３，DC＝２のとき，次の問いに答えよ。

(1) 線分AEの長さを求めよ。

(2) 線分EFは線分BCの何倍になるか求めよ。

(3) △AEFの面積を求めよ。

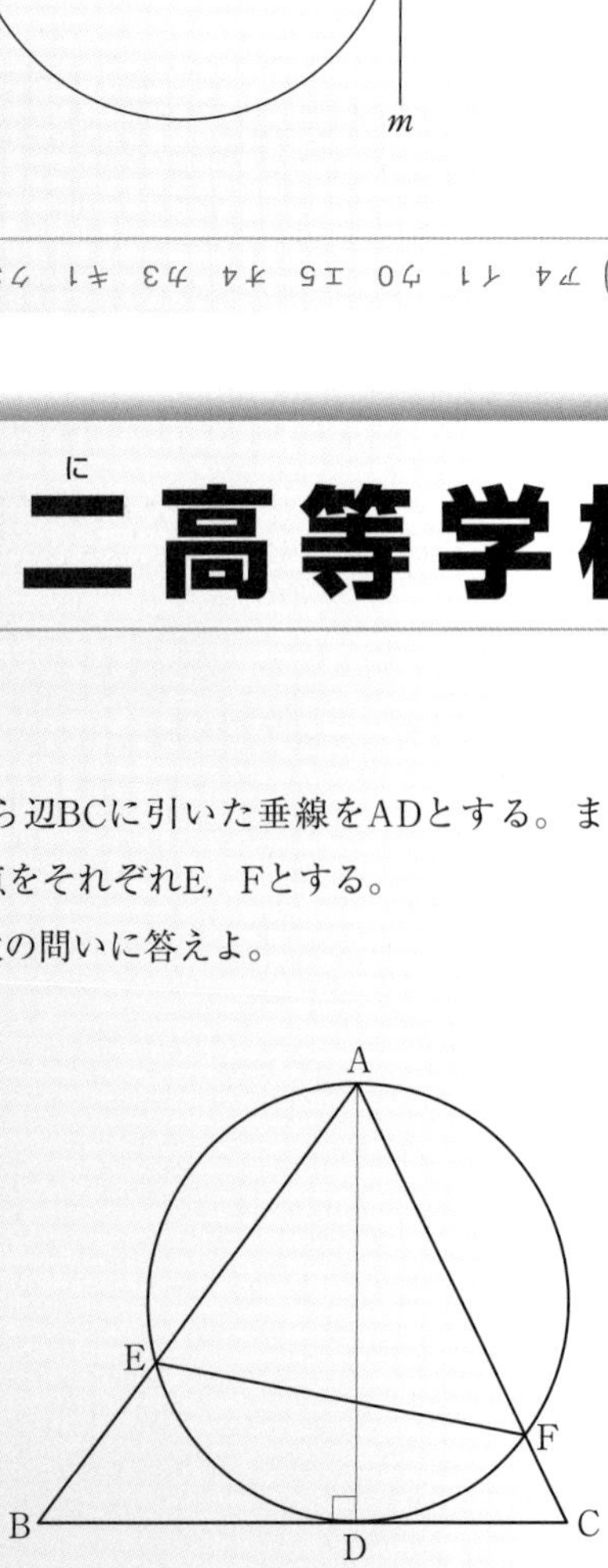


解答　(1) $\frac{16}{5}$　(2) $\frac{8\sqrt{5}}{25}$倍　(3) $\frac{128}{25}$

# 私立高校の 入試問題

## 江《え》戸《ど》川《がわ》女《じょ》子《し》高等学校

**問題**

放物線$y=\frac{1}{2}x^2$上に2つの点A，Bがあり，それぞれの$x$座標は－2，4である。また，$x$軸上に点Cがあり，AC＝BCである。このとき，次の問いに答えなさい。

(1) 直線ABの式を求めなさい。

(2) 点Cの座標を求めなさい。

(3) △ABCの面積を求めなさい。

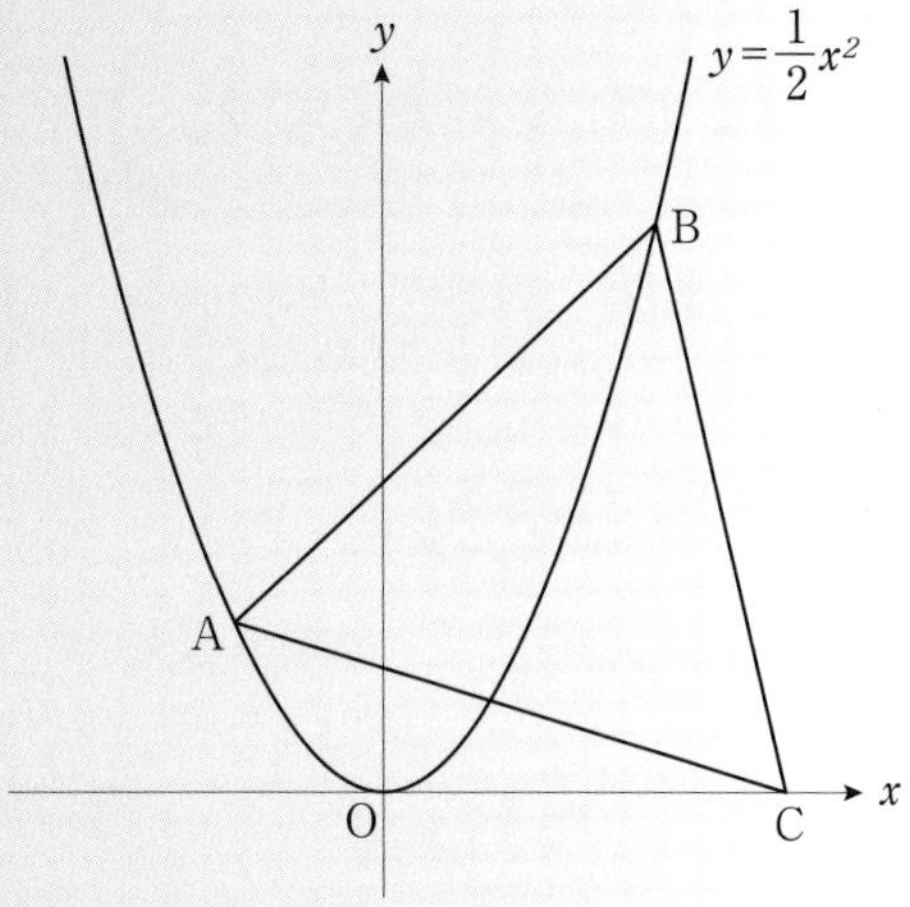


解答 (1) $y=x+4$ (2) C (6，0) (3) 30

■ 東京都江戸川区東小岩5-22-1

■ JR総武線「小岩駅」徒歩10分、京成線「江戸川駅」徒歩15分

■ 03-3659-1241

■ http://www.edojo.jp/

## 中《ちゅう》央《おう》大《だい》学《がく》杉《すぎ》並《なみ》高等学校

**問題**

次に挙げる語は同音異義語です。これら以外の熟語をそれぞれ一つずつ答えなさい。

1 機関 期間 既刊 基幹 奇観 気管 帰館

2 肯定 校庭 高低 校訂 高弟 皇帝 工程

解答 1 帰還・器官・季刊・旗艦など 2 公定・公邸・行程・更訂など

■ 東京都杉並区今川2-7-1

■ 西武新宿線「上井草駅」徒歩12分、JR中央線「荻窪駅」「西荻窪駅」・西武池袋線「石神井公園駅」バス

■ 03-3390-3175

■ http://www.chusugi.jp/

# みんなの お便りコーナー サクセス広場

テーマ
## 言われて嬉しかった言葉

**「いつもおいしそうなお弁当だね」** って友だちから。お母さん、いつも早起きして作ってくれてありがとう！
（中2・食いしん坊さん）

合唱コンクールで、1位はとれなかったけど、審査員の音楽家の人が、**「君たちのクラスの合唱が一番好きだ」** って言ってくれたこと。
（中2・合唱委員さん）

部活動のコーチに **「成長したね」** って言われたこと。普段は厳しくて注意ばかりされているけど、初めてほめられたのですごく嬉しかったです！
（中2・文武両道！　さん）

作ったハンバーグを家族みんなが **「おいしい」** って言ってくれて嬉しかった！　ソースも手作りしたかいがありました！
（中1・デミグラスソースさん）

10月にもなって成績が下がったのに、お母さんの **「絶対大丈夫」** という言葉に勇気をもらいました。
（中3・母っ子さん）

部活動の試合でミスをしたときにチームメイトが **「気にしてないよ」** って笑顔で言った言葉に救われました。でもそのあとすぐに「いつものことだから！」ってさわやかに言われたのはやっぱり皮肉…？
（中2・K.K.さん）

テーマ
## 卒業までにやりたいこと

**英検**、**漢検**、**数検**で2級を取ること。受験生には退けない状況がある！
（中1・竜王が大好きさん）

**友だち1000人！** 学校中の人と友だちになりたい！
（中2・U.O.さん）

皆勤賞を狙ってるので、卒業まで**無遅刻・無欠席**で頑張りたい。
（中3・無病息災さん）

担任の先生のための**サプライズパーティー！** 先生に内緒でみんなで準備を進めてます♪
（中3・先生ありがとうさん）

図書館の**洋書を読破！** 私の学校ではレベル別に英語の本が置いてあります。将来は海外で働きたいので、いまから頑張るぞ！
（中1・A.M.さん）

**腕立て伏せを100回**できるようになりたいです。中3の男なのに、10月、母に腕相撲で簡単に負けて笑われたので、それ以来鍛えています。
（中3・もやしっ子さん）

テーマ
## 動物に生まれ変わるなら？

**イルカ**になりたい！　イルカは右脳と左脳の片方ずつ睡眠ができるから。そうすれば、寝ながら勉強も夢じゃないと思う（笑）。
（中2・タマPさん）

ダントツで**ナマケモノ**。この前テレビで見て、こんな生き方ができたらなあと思いました。敵に襲われたらどうしようもないけど。
（中2・ノケモノさん）

**チーター**。足が速くてうらやましい。あの足があれば日本一のランナーになれる。
（中1・陸上部のエースさん）

百獣の王、**ライオン**になりたい。やっぱり「王」っていうのに憧れます。
（中2・キングさん）

**イヌ**に生まれ変わって、飼っているイヌと話してみたい。うちのイヌはチワワなので、自分もチワワになりたいな。
（中3・ポチさん）

### 必須記入事項

A／テーマ、その理由　B／住所　C／氏名
D／学年　E／ご意見、ご感想など

ハガキ、FAX、メールを下記までどしどしお寄せください！
住所・氏名は正しく書いてください!!
ペンネームは氏名のうしろに（　）で書いてネ！
【例】サク山太郎（サクちゃん）

### 宛先

〒101-0047　東京都千代田区内神田2-4-2
グローバル教育出版　サクセス編集室
FAX:03-5939-6014
e-mail:success15@g-ap.com

### 募集中のテーマ

「やってみたいスポーツ」
「最近できるようになったこと」
「私、○○を宣言します！」

応募〆切 2015年3月15日

ここにメールしてね!!

success15

ケータイ・スマホから上のQRコードを読み取り、メールすることもできます。

Present!!
掲載された方には抽選で**図書カード**をお届けします！

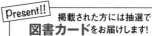

# 2月～3月

## 世間で注目のイベントを紹介

**ひな祭**

3月3日といえば、女の子の成長を願う年中行事、ひな祭だ。かわいらしいひな人形は、見ていても楽しいよね。今回紹介した目黒雅叙園の「百段雛まつり」のように、ひな人形を飾って公開するイベントは、日本各地で行われているので色々調べてみるのも楽しいよ。

---

＼文化財空間とひな人形／

### 百段雛まつり ～瀬戸内ひな紀行～

**1月23日（金）～3月8日（日）**
**目黒雅叙園**

過去５回の開催でのべ28万人が訪れたという、都内最大のひな人形展がこちら。会場となるのは、目黒雅叙園に残る昭和初期の木造建築「百段階段」。東京都指定有形文化財にも指定された「百段階段」の豪華絢爛《けんらん》な装飾を持つ７つの部屋に、兵庫、岡山、広島の瀬戸内地方の貴重なひな人形が展示される夢のような空間だ。

---

＼風俗画の歴史を一望！／

### ルーヴル美術館展

**2月21日（土）～6月1日（月）**
**国立新美術館**

パリのルーヴル美術館から、約80点の名品が来日。サブタイトルを「日常を描く―風俗画にみるヨーロッパ絵画の真髄」とし、16～19世紀なかばまでのヨーロッパの風俗画（人々の日常生活の情景を描いたもの）を紹介している。多くの巨匠の作品が出展され、なかでもフェルメールの《天文学者》という絵画は初来日で注目を集めているよ。

ヨハネス・フェルメール《天文学者》1668年 Photo © RMN-Grand Palais (musée du Louvre) / René-Gabriel Ojéda / distributed by AMF - DNPartcom

「ルーヴル美術館展」の招待券を5組10名様にプレゼントします。応募方法は69ページを参照。

---

＼単位を知り、単位で遊ぶ／

### 単位展 あれくらい それくらい どれくらい?

**2月20日（金）～5月31日（日）**
**21_21 DESIGN SIGHT**

毎回、刺激的な企画展で楽しませてくれる21_21 DESIGN SIGHT。今回は、長さを測るメートル、重さを量るグラム、時間を計る秒など、私たちの生活になくてはならない「単位」に目を向けた展覧会が開催される。長さ、重さ、時間、容積、高さ…「単位」にまつわるさまざまな写真や映像、デザイン作品などの展示を通して、楽しみながら新たな発見ができる。

『容積の比較：化学ガラスの集合体』桐山製作所

---

ポール・セザンヌ《牛乳入れと果物のある静物》1900年頃油彩・カンヴァス National Gallery of Art, Washington, Gift of the W. Averell Harriman Foundation in memory of Marie N. Harriman

「ワシントン・ナショナル・ギャラリー展」の招待券を5組10名様にプレゼントします。応募方法は69ページを参照。

＼心安らぐ印象派の世界／

### ワシントン・ナショナル・ギャラリー展

**2月7日（土）～5月24日（日）**
**三菱一号館美術館**

アメリカ唯一の西洋美術を集めた国立美術館であるワシントン・ナショナル・ギャラリーから、とくに人気の高い印象派とポスト印象派の珠玉作品を紹介する展覧会だ。ルノワール、マネ、モネ、ドガ、セザンヌ、ゴッホなど、美術の授業でもおなじみの有名画家の作品が展示されるよ。美しい色彩に満ちた心安らぐコレクションを堪能しよう。

---

＼湘南で宝探し！／

### エノシマトレジャー×湘南エリア ～竜神の仮面と七曜の神器～

**2月7日（土）～3月31日（火）**
**神奈川県湘南エリア**

リアル宝探し、「エノシマトレジャー」は、湘南を舞台とした大人も子どもも楽しめる体験型のイベントだ。宝の地図を手がかりに、謎を解きながら隠された宝を見つけ出すなんて、本当に冒険の旅に出たみたいでわくわくするね。まずはインターネットで「エノシマトレジャー」を検索して、宝の地図の配付場所をチェックして行ってみよう！

---

アマゾンイメージ

「大アマゾン展」の招待券を5組10名様にプレゼントします。応募方法は69ページを参照。

＼アマゾンの大自然を紹介／

### 大アマゾン展

**3月14日（土）～6月14日（日）**
**国立科学博物館**

世界一の流域面積と長さを持つ南米・アマゾン川。その流域に生息する生物の多様性をテーマとした「大アマゾン展」が国立科学博物館で開催される。菌類、植物、昆虫、鳥類、魚類、哺乳類、爬虫類など多種多様な生物の剥製《はくせい》や標本の展示、アマゾンの森を体感できるジオラマや、4Kシアターで楽しめるアマゾンの映像など、盛りだくさんの内容だ。

# Success15 fifteen Back Number

## サクセス15 バックナンバー好評発売中！

### 2015 2月号

**受験生必見！**
**入試直前ガイダンス**
**2014年こんなことがありました**

SCHOOL EXPRESS 昭和学院秀英
Focus on 東京都立青山

### 2015 1月号

**学年別**
**冬休みの過ごし方**
**パワースポットで**
**合格祈願**

SCHOOL EXPRESS 慶應義塾湘南藤沢
Focus on 千葉県立千葉東

### 2014 12月号

**いまから知ろう！**
**首都圏難関私立大学**
**スキマ時間の使い方**

SCHOOL EXPRESS 明治大学付属明治
Focus on 埼玉県立川越

### 2014 11月号

**過去問演習**
**5つのポイント**
**本気で使える文房具**

SCHOOL EXPRESS 立教新座
Focus on 神奈川県立柏陽

### 2014 10月号

**大学生の先輩に聞く**
**2学期から伸びる**
**勉強のコツ**
**「ディベート」の魅力とは**

SCHOOL EXPRESS 筑波大学附属駒場
Focus on 千葉県立薬園台

### 2014 9月号

**こんなに楽しい！**
**高校の体育祭・**
**文化祭**
**英語でことわざ**

SCHOOL EXPRESS 渋谷教育学園幕張
Focus on 東京都立国分寺

### 2014 8月号

**2014年**
**夏休み徹底活用術**
**夏バテしない身体作り**

SCHOOL EXPRESS 市川
Focus on 埼玉県立川越女子

### 2014 7月号

**イチから考える**
**志望校の選び方**
**日本全国なんでも**
**ベスト3**

SCHOOL EXPRESS 筑波大学附属
Focus on 東京都立三田

### 2014 6月号

**難関国立・私立校の**
**入試問題分析2014**
**快眠のススメ**

SCHOOL EXPRESS 豊島岡女子学園
Focus on 埼玉県立春日部

### 2014 5月号

**先輩に聞く!!**
**難関校合格への軌跡**
**高校図書館＆オススメ本**

SCHOOL EXPRESS お茶の水女子大学附属
Focus on 神奈川県立厚木

### 2014 4月号

**勉強も部活動も頑張りたいキミに**
**両立のコツ、教えます**
**水族館・動物園などのガイドツアー**

SCHOOL EXPRESS 慶應義塾
Focus on 東京都立駒場

### 2014 3月号

**どんなことをしているの？**
**高校生の個人研究・卒業論文**
**理系知識を活かしたコンテスト**

SCHOOL EXPRESS 東京学芸大学附属
Focus on 千葉県立船橋

### 2014 2月号

**勉強から不安解消まで**
**先輩たちの受験直前体験談**
**合格祈願グッズ**

SCHOOL EXPRESS 開成
Focus on 千葉県立千葉

### 2014 1月号

**冬休みの勉強法**
**和田式ケアレスミス撃退法**
**直前期の健康維持法**

SCHOOL EXPRESS 早稲田大学本庄高等学院
Focus on 埼玉県立大宮

### 2013 12月号

**東京大学ってこんなところ**
**東大のいろは**
**「ゆる体操」でリラックス**

SCHOOL EXPRESS 早稲田大学高等学院
Focus on 埼玉県立浦和第一女子

### 2013 11月号

**教えて大学博士！**
**なりたい職業から学部を考える**
**学校カフェテリアへようこそ**

SCHOOL EXPRESS 慶應義塾志木
Focus on 千葉県立東葛飾

これより前のバックナンバーはホームページでご覧いただけます（http://success.waseda-ac.net/）

## How to order バックナンバーのお求めは

バックナンバーのご注文は電話・ＦＡＸ・ホームページにてお受けしております。詳しくは80ページの「information」をご覧ください。

## <コーナー名>



## <本文中記事>

## “個別指導”だからできること × “早稲アカ”だからできること

- 難関校にも対応できる
- 弱点科目を集中的に学習できる
- 最終授業が20時から受けられる
- 早稲アカのカリキュラムで学習できる

## 広がる早稲田アカデミー個別指導ネットワーク

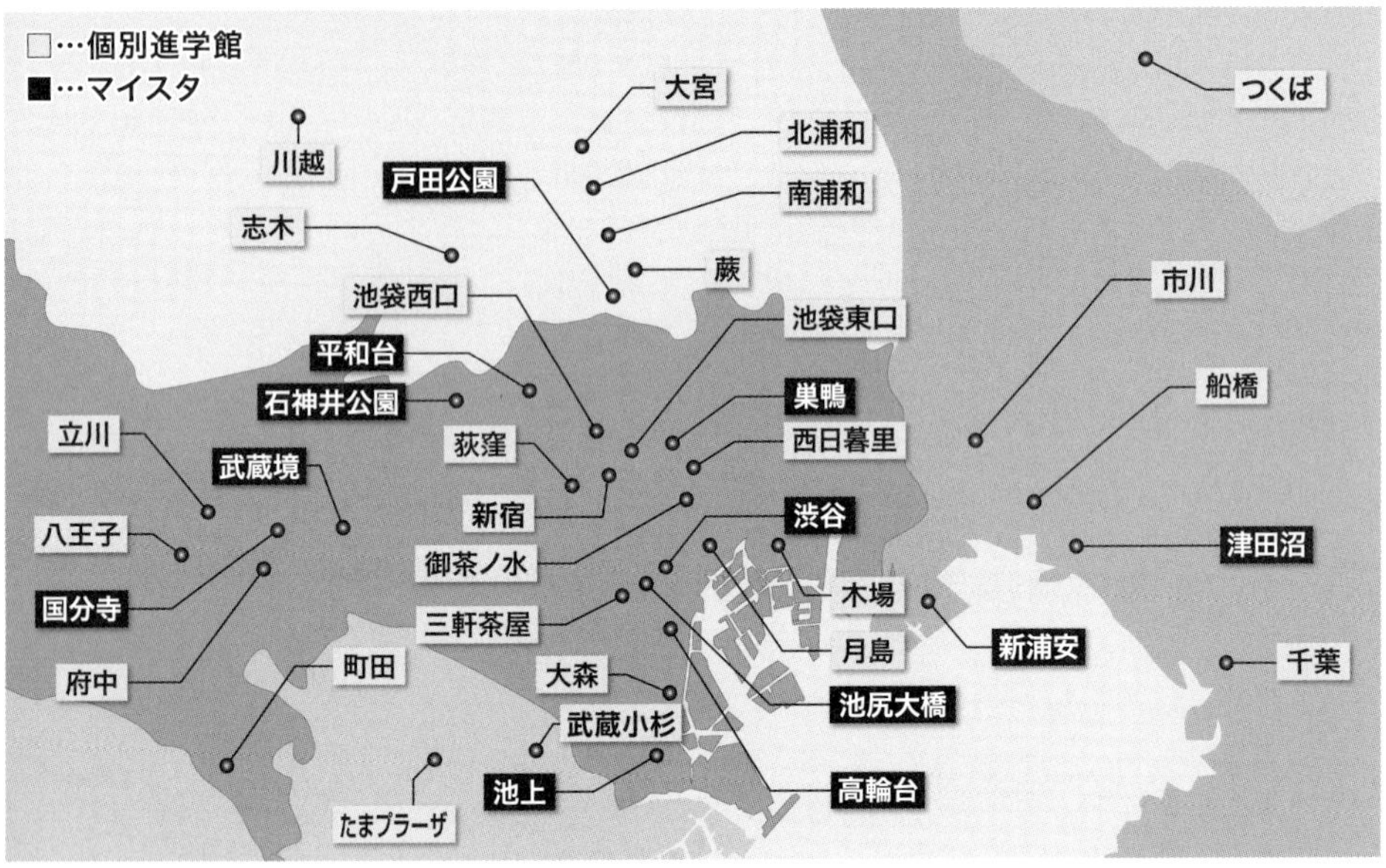


マイスタは2001年に池尻大橋教室・戸田公園教室の2校でスタートし、個別進学館は2010年の志木校の1校でスタートした、早稲田アカデミーの個別指導ブランドです。お子様の状況に応じて受講時間・受講科目が選べます。また、早稲田アカデミーの個別指導なので、集団授業と同内容を個別指導で受講することができます。マイスタは1授業80分で1:1または1:2の指導形式です。個別進学館は1授業90分で指導形式は1:2となっています。カリキュラムなどはお子様の学習状況、志望校などにより異なってきます。お気軽にお近くの教室・校舎にお問い合わせください。

### 悩んでいます… 新中1

クラブチームに所属しているので、近くの早稲アカに通いたいのに全科目どうしても曜日が合いません。

**解決します!**

早稲アカの個別指導なので、早稲アカのカリキュラムに完全に準拠した学習が可能です。早稲アカに通う中1生と同じテストも受験できるので、成績の動向を正確に把握することも、競争意識を高められるのも大きな魅力です。

### 悩んでいます… 新中2

受験学年直前！未消化の単元もあるのに、新出単元も難しくて不安…。

**解決します!**

中2のこの時期、どの科目の新出単元も難しいものが多くなってきます。早稲アカの個別指導では、カリキュラムを一人ひとりに合わせてカスタマイズし授業を行います。未定着の単元を残さず、受験学年を迎えましょう！

### 悩んでいます… 新中1 新中2

3月の難関チャレンジ公開模試に向けて弱点を対策しておきたい！

**解決します!**

早稲アカの個別指導なので、難易度の高い問題への対策を行うことができます。早稲アカ各種テストの対策ができるのも早稲アカ個別指導の特徴です。通常の授業に加え、ピンポイントで授業回数を増加することが可能です。

## 新規開校 ▶ 早稲田アカデミー 個別進学館 新宿校・たまプラーザ校 新入塾生受付中!

小・中・高 全学年対応／難関受験・個別指導・人材育成

## 早稲田アカデミー個別進学館

WASEDA ACADEMY KOBETSU SCHOOL

**お問い合わせ・お申し込みは最寄りの個別進学館各校舎までお気軽に!**

| | | | | | |
|---|---|---|---|---|---|
| 池袋西口校<br>03-5992-5901 | 池袋東口校<br>03-3971-1611 | 大森校<br>03-5746-3377 | 荻窪校<br>03-3220-0611 | 御茶ノ水校<br>03-3259-8411 | 木場校<br>03-6458-5153 |
| 三軒茶屋校<br>03-5779-8678 | 新宿校<br>03-3370-2911 | 立川校<br>042-548-0788 | 月島校<br>03-3531-3860 | 西日暮里校<br>03-3802-1101 | 八王子校<br>042-642-8867 |
| 府中校<br>042-314-1222 | 町田校<br>042-720-4331 | たまプラーザ校<br>045-901-9101 | 武蔵小杉校<br>044-739-3557 | 大宮校<br>048-650-7225 | 川越校<br>049-277-5143 |
| 北浦和校<br>048-822-6801 | 志木校<br>048-485-6520 | 南浦和校<br>048-882-5721 | 蕨　校<br>048-444-3355 | 市川校<br>047-303-3739 | 千葉校<br>043-302-5811 |
| 船橋校<br>047-411-1099 | つくば校<br>029-855-2660 | | | | |

## MYSTA

早稲田アカデミー 個別指導マイスタ

**お問い合わせ・お申し込みは最寄りのMYSTA各教室までお気軽に!**

| | | |
|---|---|---|
| 渋谷教室<br>03-3409-2311 | 池尻大橋教室<br>03-3485-8111 | 高輪台教室<br>03-3443-4781 |
| 池上教室<br>03-3751-2141 | 巣鴨教室<br>03-5394-2911 | 平和台教室<br>03-5399-0811 |
| 石神井公園教室<br>03-3997-9011 | 武蔵境教室<br>0422-33-6311 | 国分寺教室<br>042-328-6711 |
| 戸田公園教室<br>048-432-7651 | 新浦安教室<br>047-355-4711 | 津田沼教室<br>047-474-5021 |

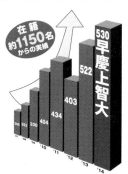

# Success15

## From Editors

あと１カ月もすると春休みに入り、それが終わると中３のみなさんは高校生に、中１・中２のみなさんは新しい学年を迎えることになります。４月になるまでの期間を有意義に使い、新しい１年をいいスタートで迎えてほしいものです。

今号の特集２では「宇宙」について知ることができる施設を取り上げています。「宇宙」に限らず、首都圏にはさまざまなことに関する施設や、73Pの「サクセスイベントスケジュール」で紹介しているような美術館などが数多くあります。休日や春休みに興味がある場所に足を運び、学校の勉強だけでは学べない知識を身につけてみてはいかがでしょうか。　（C）

## 3月号

写真：アフロ

## Information

『サクセス15』は全国の書店にてお買い求めいただけますが、万が一、書店店頭に見当たらない場合は、書店にてご注文いただくか、弊社販売部、もしくはホームページ（下記）よりご注文ください。送料弊社負担にてお送りします。定期購読をご希望いただく場合も、上記と同様の方法でご連絡ください。

## Opinion, Impression & etc

本誌をお読みになられてのご感想・ご意見・ご提言などがありましたら、ぜひ当編集室までお声をお寄せください。また、「こんな記事が読みたい」というご要望や、「こういうときはどうしたらいいの」といったご質問などもお待ちしております。今後の参考にさせていただきますので、よろしくお願いいたします。

## サクセス編集室お問い合わせ先


TEL 03-5939-7928

FAX 03-5939-6014



高校受験ガイドブック2015③サクセス15

発行　2015年2月14日　初版第一刷発行

発行所　株式会社グローバル教育出版

〒101-0047 東京都千代田区内神田2-4-2

ＴＥＬ　03-3253-5944

ＦＡＸ　03-3253-5945

http://success.waseda-ac.net

e-mail　success15@g-ap.com

郵便振替　00130-3-779535

編集　サクセス編集室

編集協力　株式会社 早稲田アカデミー




## Next Issue　4月号

**Special 1**

### 国立・公立・私立ってどう違うの？

**Special 2**

### 東大生おすすめの本

**School Express**

### 早稲田実業学校高等部

**Focus on** 公立高校

### 神奈川県立横浜緑ヶ丘高等学校

※特集内容および掲載校は変更されることがあります

# 清新なる価値の創造

## 桐朋中学校　桐朋高等学校

〒186-0004　東京都国立市中3-1-10
TEL(042)577-2171(代)／FAX(042)574-9898
インターネット・ホームページ　http://www.toho.ed.jp/

9784865120554

1926037008002

ISBN978-4-86512-055-4

C6037 ¥800E

定価：本体800円+税

グローバル教育出版